「脳の学校」代表・医学博士
加藤俊徳

「めんどくさい」がなくなる脳

「めんどくさい」がなくなる脳

はじめに――その脳のままで、本当にいいの？

「朝、起きるのがめんどくさい」

「会社（学校）に行くのが、めんどくさい」

「掃除・洗濯・家事がめんどくさい」

「人づき合いがめんどくさい」

「家に帰ったら服は脱ぎっぱなし。カバンも置きっぱなし。あー、何もかもめんどくさい！」

「すぐに動けない自分はやっぱりダメな人間だ……」


こんなふうに日々、思い悩んでいる方は多いと思います。

でも、もし今、あなたがこうしたことで悩んでいるとしても、**それはあなたのせいではありません。**

実は、それは**すべて「脳のクセ」**なんです。

すべての脳は、次のような特徴を持っています。

●起動に時間がかかる
●一度休むと、起動にものすごいエネルギーがいる
●疲れているとき、眠いとき、不機嫌なときは処理能力が低下する
●新しいこと、苦手意識のあることの処理速度が落ちる

これが、本来の脳の姿。

つまり、あなたが持っている脳のデフォルト（初期設定）です。


冒頭に羅列した「めんどくさい」も、これらの脳の特徴を踏まえれば、簡単に腑《ふ》に落ちるでしょう。


一方で、**なんでもスイスイこなす「すぐ動ける脳」の人がいるのも事実**です。

じゃあ、その人たちの脳は、最初から特別だったのか。

「やっぱり凡人の私とは、搭載している脳が違うんだ……」

いえいえ。そんなふうに自分を卑下するのは早計というもの。これまで、脳科学者として1万人以上の脳画像診断を行ってきた私が断言しましょう！

脳のデフォルトは、すべて同じ。

あらゆる脳は、みんなめんどくさがり。

古今東西、**どんな偉人もどんな大天才も、初めはみんな「めんどくさがり脳」からスタートしている**のです。

では、**どうしたら、このいかんともしがたい「めんどくさがり脳」を「すぐ動ける脳」に変えられるのか？　そのギモンにお答えするのが本書**です。

あなたがめんどくさがりなのは、あなたの性格のせいでも、ましてやる気がないからでもありません。ただ、「脳とのつき合い方」を知らないだけ！

お？　ここで、またこんな声が聞こえてきましたよ。

「先生。そうは言っても、もう20年も30年も、はたまた50年もこの脳とつき合ってきたんです。私の脳が錆《さび》ついて、めんどくさがっているんです。今さらつき合い方を変えたって、遅くはないですか？」

はい。いい質問ですね。これについても断言できます！

人間の体のなかで、多くの臓器や器官は確かに衰えていきます。それは否めない事実。しかし、**脳だけは死ぬまで成長し続ける**のです。

このことも、これまで1万人以上の方々が見せてくれた、脳画像が証明してくれています。だから、30代・40代なんてまだまだ序の口。**70代、80代になったって、脳だけはどんどん進化しますし、成長するのに遅すぎるということもありません。**

詳しくは本編に譲りますが、「めんどくさい」は「脳の危機メッセージ」でもあります。あなたが「めんどくさい……」と感じたそのとき、あなたの脳みそくんは、「大変だ！　緊急事態発生だ！　どうしたらいいんだ？」と、悲鳴をあげています。

その**脳の悲鳴を、あなたは感じたことがありますか？**

「脳の声」に、きちんと耳を傾けたことがありますか？

なんでもサクサクこなす**「すぐ動ける脳」の人は、そんな「脳の声」を聴く習慣ができているの**です。そう、言ってみれば**めんどくさがりな脳みそくんの扱いに慣れている。少しの時間と少しのエネルギーで、脳みそくんのパフォーマンスを最大化するコツを身につけているの**です。

その**コツは、たったの４つ！**

①脳みそくんの声に耳を傾ける

②脳みそくんが嫌がるときに作業させない

③脳みそくんの行動する出口を作ってあげる

（出口がないと、脳のなかで延々と堂々巡りを繰り返し、無駄に消耗します）

④脳みそくんが大好きなご褒美をたくさんあげる

（脳みそくんはすぐに調子にのって、どんどんその気になるかわいいやつです）

たったこれだけ。言うなれば脳のクセを逆手に取るだけです。これら4つのコツの詳しいメソッドが本書の内容です。これで、あなたの人生は驚くほど変わります。

私は脳が大好きです。脳って本当に素晴らしい。

これまで1万人以上の脳画像を見てきて思うのは、「脳は、その人の生き方そのもの」だということ。

たとえば、ある会社社長の例ですが、半年前にはできるビジネスマン特有の社長らしい脳画像だったのですが、半年後にはあらゆるシナプスが急激に枝を伸ばし、まったく別人のような脳に変わっていたことがあります。

その方に、この半年でいったい何があったのかと聞くと、「あらぬ罪を着せられて、収監されていた」と。

半年間で、その方は自分が持っているすべての知恵と経験を総動員して、無実の罪を晴らすために戦い抜き、見事に身の潔白を証明されました。その戦った痕跡が、脳にはっきりと刻まれていたのです。

これは極端な例ですが、このことから私が言いたいのは一つです。

あなたの脳をもりもりと力強い大木のような枝ぶりにしてあげられるのは、あなただけ、なんだということ。

脳は自分からは動くことができません。あなたが動かない限り、新しい景色を見ることも新しい経験を得ることもできません。でもあなたが動けば、脳は即座に反応します。もしかしたら、あなたが想像する以上の反応を示すかもしれない。

だから、**これまでやっていないこと、新しい人に会うこと、一つのことを深く掘り下げてみることは、自分でも知らない脳の新しい一面を開くチャンス**なのです。


1万人もの脳画像のなかで、一つとして同じものはありません。すべてが個性的で、すべてが尊い。なぜなら、それはあなたが一つひとつ迷って、悩んで、選択して、ここまで一生懸命に歩いてきた軌跡だから。もしかしたら、私は「脳が大好き」というより、「人が大好き」なのかもしれません。

そんな**一人ひとり個性的な人間を作り上げていく根っこにあるのが「『めんどくさい』がない脳」**です。どんな小さなことでもいい。**「めんどくさい」を一つなくせば、その分、脳は枝葉を伸ばし、個性的になります。**

「めんどくさい」がなくなると、この先には面白いことがたくさん待っていますよ。

2017年3月

「脳の学校」代表・医学博士　加藤俊徳

「めんどくさい」がなくなる脳　もくじ

2章

「させられ脳」から「したい脳」へ
「めんどくさい」をなくす脳の強化法 049

3章

4章 「めんどくさい人」と「めんどくさくない人」の違いとは？

5章

「めんどくさい」は脳の成長スイッチ

1章

脳はもともとめんどくさがり

「脳」の性格を知ろう

「めんどくさい！」――そのとき脳では何が起こっている？

やらなくちゃいけないのに、なかなかとりかかれない。

そんなとき、誰もがこう口にしてしまいます。

「はあ、めんどくさいなあ……」

本書では、この「めんどくさい」を、脳科学の視点から解き明かしていきます。

「めんどくさい」は、言うなれば「脳からのメッセージ」です。どんなメッセージかというと、「これから脳に負担がかかりそうだ」という危機メッセージです。

その「危機」にもいろいろな種類があります。「めんどくさい」という言葉を発するときには、何かしら原因、背景があるということです。

火災報知器が鳴ったときに、放ったらかしにする人はいませんよね。火の出所を突き止めて消火するように、「めんどくさい」も、その原因を突き止めて対処すればいいのです。

脳は、いったい何に対して「めんどくさい」と反応しているのか？

その「めんどくさい」は、いったい脳が何をしたくないサインなのか？

「めんどくさい」を、漠然とした感覚のまま放ったらかしにするのではなく、正体を明らかにする。そして、**きちんと「めんどくさい」を取り扱うことで、日々のパフォーマンスを上げる、自分の可能性を広げる、人間関係を豊かにする……こうして人生の質をぐんと上げる**ことができます。

では、人はいったいどんなときに「めんどくさい」と感じるのでしょう。「めんどくさい」が伝えようとしている「危機」には、どんな種類があるのでしょうか。

まずは、ここから始めましょう。

「めんどくさい」アラーム7つの症状

①眠いとき、不機嫌なとき

脳がどんな「危機」を察知したときに、「めんどくさい」と感じるのか。一つは、「眠いとき」です。

脳は、体のなかでもとくに大量の酸素を使って働く器官です。酸素が脳に行き渡っていない状態では脳全体の覚醒度が低い、つまり眠いということです。

毎朝、目は覚めていても、なかなか頭が回らない、なかなか起き上がれない、やっと起きて準備をして出かけても、電車の中で居眠り……という人は、目覚めたあとの脳への酸素供給が、スムーズでないといっていいでしょう。

脳に酸素が行き渡り、覚醒していれば、いろいろなことに注意を向けられます。細かい情報処理もできます。逆に脳が低覚醒だと、いろいろなことに注意を向けられない、細かい情報処理ができない。つまり、あらゆることを「めんどくさい」と感じます。

脳からしたら、「動くのに必要な酸素が足りない。それなのに、いきなり働けっていうの？」という状態です。**眠いときの「めんどくさいなあ」というのは、「まだ動けないよ」という脳の正直な声**なのです。

たとえば、毎朝のように、お互いが不機嫌になり、ケンカをしてしまう親子は多いのではないでしょうか。

お母さんが「朝ごはん、食べなさい」「今日の学校の準備はしてあるの？」「連絡帳、先生にちゃんと渡すのよ」などと矢継ぎ早に言う。ところが、言われたほうの子どもの脳が低覚醒だと、お母さんの言葉を処理しきれず、「も〜う、めんどくさいな！」と爆発する。かくして親子ゲンカ勃発……となってしまうのです。

あるいは、日中、睡魔に襲われ、「これ全部、今日中にやるのか……めんどくさいな」

夜、夕食で少しお酒も嗜《たしな》んだあとに、急に眠くなり、「あ〜あ、なんだかお皿洗いもお風呂も、めんどくさい」

誰でも、一度や二度ならず覚えがあることでしょう。これらもすべて、脳の酸素不足、低覚醒が原因です。**本当は大してめんどうではないことでも、ただ「眠い」というだけで、人は不機嫌になり、脳は「めんどくさい」と反応してしまう**のです。

②不慣れなこと、不得意なことを求められたとき

後でも詳しく説明しますが、脳は、ざっと120ほどの分野に分かれており、「考える」を担当する場所、「動く」を担当する場所、「感じる」を担当する場所、という具合に、役割が分かれています。

私は、それらを大きく8つに分類し、「脳番地」と名付けました。

「考える」を担当する場所は「思考系脳番地」、「動く」を担当する場所は「運動系脳番地」、「感じる」を担当する場所は「感情系脳番地」ということです。

あとは「入ってきた情報を理解する」を担当する「理解系脳番地」、「人に伝える」を担当する「伝達系脳番地」、「覚える」を担当する「記憶系脳番地」、「聴く」を担当する「聴覚系脳番地」、「見る」を担当する「視覚系脳番地」、これで計8つです。

さて、これら脳番地の働きぶりは、人によって違います。脳番地は互いに連動して働

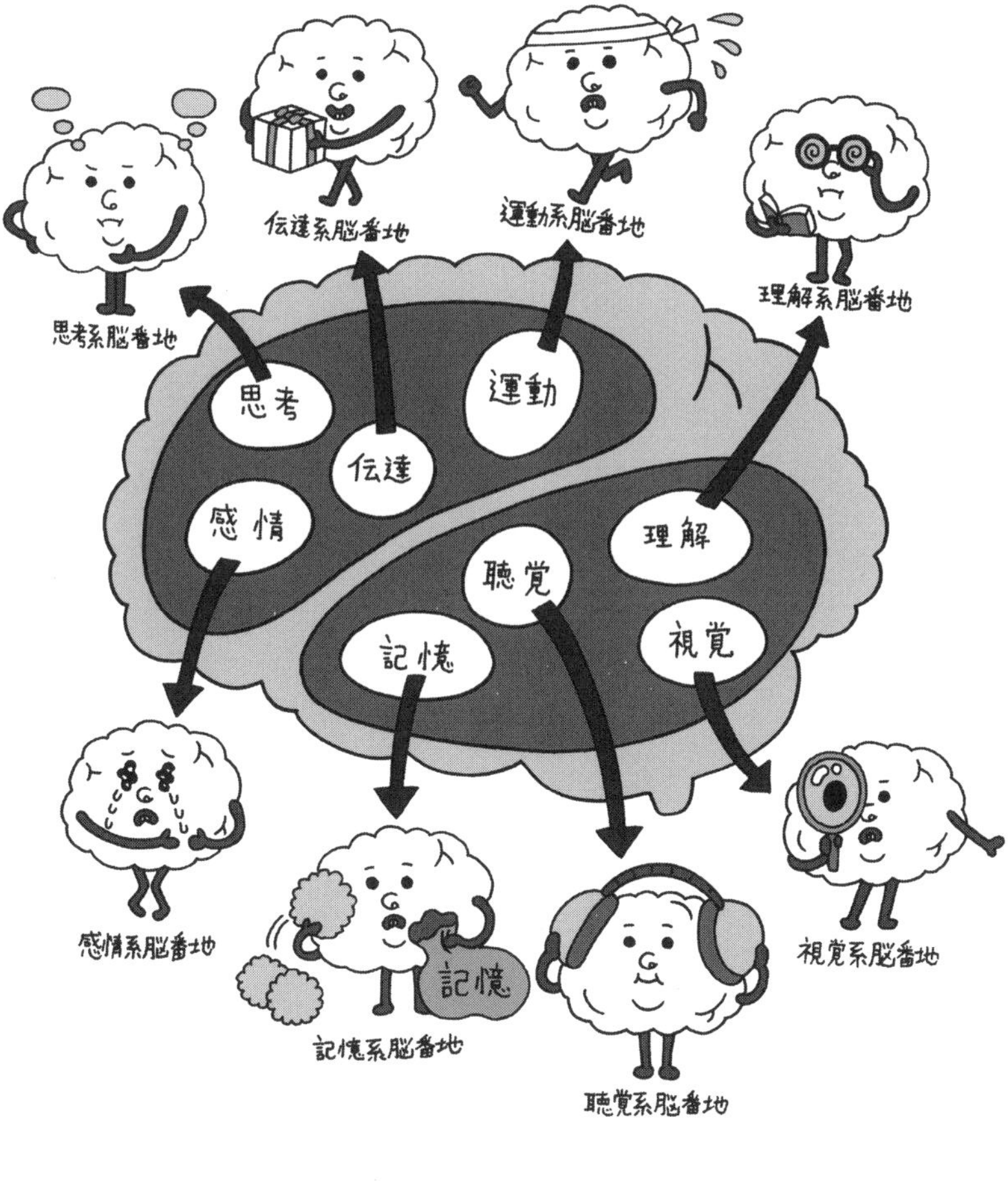
伝達系脳番地
運動系脳番地
理解系脳番地
思考系脳番地
思考
伝達
運動
感情
理解
聴覚
視覚
記憶
記憶
感情系脳番地
記憶系脳番地
聴覚系脳番地
視覚系脳番地

いていますが、より発達している脳番地と、あまり発達していない脳番地とに分かれます。

これが、いわば「脳の個性」であり、人それぞれの得手不得手は、そんな脳の個性によって生まれるのです。

そんななか、あまり発達していない脳番地（普段あまり使っていない脳番地）に刺激が入ってくると、脳は、瞬時にうまく処理できません。脳は、基本的に「めんどくさがり」です。うまく処理できないことは脳にいつも以上の負担となるので、余計に働きたくない脳は「めんどくさい」と反応します。

たとえば、運動系脳番地が発達している人にとって、グラウンド10周なんてわけもないことですが、運動系脳番地があまり発達していない人は、「なんでそんなことしなくちゃいけないの？」「いやだなあ」とウダウダし、なかなか動けません。

伝達系脳番地が発達している人は、自分の考えや状況を、言葉や表情を自在に使って上手に伝えられますが、無口で伝達系脳番地があまり発達していない人は、それがなかなかできません。苦手意識があるので、人に何かを伝えなくてはいけないときに、「いやだなあ」「めんどくさいなあ」と思ってしまいます。

このように、不慣れなこと、不得意なことを求められると、脳はサクサク処理できず、負担に感じます。だから、**発達していない脳番地で処理されるべき刺激が送られると「めんどくさい」と感じる**、というわけです。

③「めんどくさい」がクセになっているとき

「毎日毎日、あの上司と接するのが、めんどくさい」
「毎日毎日、この作業をするのが、めんどくさい」
「毎日毎日、お弁当を作るのが、めんどくさい」

こんなふうに思ったことはありませんか？

脳は、非常に習慣性の高い器官です。反復練習をすると、だんだんできるようになるのも、脳が練習メニューを習慣化するからです。できなかったことができるようになるのはいいのですが、同じ作用によって「めんどくさい」が習慣化する場合もあります。

脳は、「めんどくさいな」と感じる経験をすると、それ以降同じ刺激に対して、判断の余地なく、即「めんどくさいな」と反応しがちです。一度、脳に「めんどくさい」というイメージが定着して、脳の「めんどくさい」回路ができると、本当はそれほどめんどうでなくても、すぐに「めんどくさい」回路が働きやすくなり、新たなイメージの上書きが難しくなるのです。

本当はめんどうだったのは最初だけで、2回目からは少し楽になるはず。でも、条件反射的に「めんどくさい」と反応してしまうのです。

たとえば、過去に上司からとてもめんどうなことを言われたとしましょう。

そこで脳には「上司＝めんどくさい」というイメージが植え付けられます。「めんどくさいことを言っている上司」の残像が、くっきりと記憶されてしまいます。

すると、いつもめんどうとは限らないのに、その上司から言われることは、すべて「めんどくさい」と感じてしまうのです。まさに、脳の「めんどくさい」回路が絶好調になってしまいます。

毎日の習慣でも、同じことが起こり得ます。たとえば「毎朝、お弁当を作るぞ！」と一念発起したのはよかったものの、やってみたらすごく大変だった……それでも、毎日、続けていれば徐々にコツがつかめて大変ではなくなるはずです。

ところが、最初に大変だった記憶が色濃く残っていると、お弁当を作ろうとするたび、脳には「また大変なことをしなくてはいけない」という拒絶感が生まれます。「めんどくさいなあ」と、危機メッセージを送ってしまうのです。

このように、**「めんどくさい」は、油断するとクセになる。習慣性が高いという脳**

の習性から起こる「めんどくさい」もあるということをぜひ覚えておいてください。

④体がつらいとき

肩が凝っている、腰が重い、膝が痛い、熱がある、咳が出る。こうした疲労や不調も、「めんどくさい」を発生させます。

たとえば、仕事で疲れて帰ってきたお父さんに、お母さんがビールを注ぎながら「ちょっと聞いてよ、今日、こんなことがあってね……」などと話しはじめる。お父さんからしたら、猛烈に「めんどくさい」シチュエーションです。「ビール飲んで一息ついて、さっさと寝たいのに、勘弁してくれよ」と思ってしまうでしょう。

話を聞くこと自体は「めんどくさい」わけではないのに、疲れているから「めんどくさい」と反応してしまうのです。

体がつらくては動きにくいし、頭も働きにくい。だから何もしたくない、すべて「めんどくさい」……当然の反応と思えるかもしれませんが、**「疲労」「不調」と「めんどくさい」は、本来、関係のないもの**です。

疲労や不調は、「休んで」「癒して」という体からのSOSです。その声にちゃんと対処すれば、疲労も不調も消えます。それなのに、疲労や不調を「めんどくさい」に結びつけてしまう人が多いのです。

つまり、**体がつらいときの「めんどくさい」は、その状況に対して脳が正しいジャッジができていない状態**、といっていいでしょう。

なかには、疲労や不調を「めんどくさい」に結びつけない人もいます。私の母など、その筆頭と言えるかもしれません。母が「めんどくさい」と口に出すことも、不機嫌になることも私は見たことがありません。

疲労や不調を、そのままの形で額面通りに捉えている人は、「疲れたな（少し休もう）」「調子が悪いな（薬を飲もう）」とは口に出しても、疲労が蓄積したり、不調が続いたりしても、それを「めんどくさい」とは表現しません。脳が「めんどくさい」などという余計な判断をくださないので、ストレートに疲労や不調に対処できるというわけです。要するに、**脳に「めんどくさい」回路さえ作らなければ、人はもっと楽に過ごせる**はずなのです。

ただ、加齢によって体力が落ちている場合だと、「ちょっと休めば回復する」というものでもないので、もう少し長期的に取り組む必要があります。

年をとると、筋力が落ちてきます。筋力が落ちてくると、何をするにも、余計に脳を使うことになります。若いころと違って、小さな刺激だけでは筋肉が動かなくなっていくからです。

たとえば、若いころは、「立ち上がれ」という指令が一瞬で届いてスッと立ち上がれていたのが、年をとると筋力が落ちるため、立ち上がるまでに、脳は何度も何度も指令を送らなくてはいけません。

年をとると、動くのがめんどうになるのは、こういうわけです。**単純に体を鍛え、筋力が落ちないようにしておくだけでも、年をとってからの「めんどくさい」をだいぶ減らすことができる**でしょう。

⑤空腹のとき

脳は、満腹時より空腹時のほうが効率的に働きます。

ご飯をお腹いっぱい食べたあとは頭が回らない、眠くなる、というのは誰しも思い当たることではないでしょうか。

ところが、空腹すぎると、逆に脳の働きは悪くなります。

脳は酸素とともに大量の「糖」を消費しています。空腹すぎる状態とは、言い換えれば体全体が低血糖になっている、つまり脳を動かすエネルギー源が不足しているため、脳の働きが落ちるのです。

脳からしたら、眠いときの酸素不足と同様、「糖が足りていないのに、まだ働けっていうの？」と文句を言いたい状態です。だから**空腹すぎるときも、何をするかにかかわらず、すべてを「めんどくさい」と思ってしまう**のです。

これも、体がつらいときと同様、空腹という原因に対処すれば「めんどくさい」も自然となくなります。空腹すぎて何も手につかないとき、そのまま「めんどくさい、めんどくさい」とウダウダしている暇があったら、飴玉1つ、おにぎり1つ、お腹に入れれば、血糖値が上がって「めんどくさい」は即解消というわけです。

⑥スイッチを入れるとき

椅子に座っている状態から立ち上がり、歩いていく。このなかでもっともエネルギーを必要とするのは、当然、ヨイショッと「立ち上がるとき」です。

脳も同様に、立ち上がる瞬間に、もっともエネルギーを必要とします。

つまり、「やるぞ」「やろう」と**やる気のスイッチを入れるときほど、脳では「めん**

どくさい」が生まれやすい、ともいえるのです。なるべくウダウダしている時間を減らし、**物事をスムーズに進めるには、立ち上がりの「めんどくさい」を上手に扱ってあげればいい**ということです。

その方法は後述するとして、ここでは、立ち上がりの「めんどくさい」について、もう少し詳しく見ておきましょう。脳が立ち上がるときの「めんどくさい」には、大きく3つあります。

1つは、手順がわからない場合です。「どうしたらいいか、わからない」から「めんどくさい」「やりたくない」と立ち止まってしまうのです。逆に言えば、ここでテキパキ脳が働く人は、「どうしたらいいかな」「こうしよう」「ああしよう」となるので、「めんどくさい」アラームは鳴るまでもありません。

2つめは、融通を利かせなくてはいけない場合です。

前に、脳は習慣性の高い器官だと言いました。その習慣性のおかげで一度、何かを習得すると、その何かを「めんどくさい」とは思わなくなります。ただ、その反面、「これは、こうする」というふうに行動や思考のパターンが固まり、融通が利かなくなってしまいます。

自分のなかでは、すでに決まりきったパターンを、状況に応じて少し変えなくてはいけない。これも、脳にとってはそうとう「めんどくさい」ことです。融通を求められると、脳は普段以上にギアを上げて、集中力を生みだすエネルギーが必要になります。脳活動の立ち上がりにもっとエネルギーが必要になると、脳のめんどくさい回路が発動しやすくなるのです。

3つめは、現実と自分の気持ちにギャップがある場合です。目の前には、やらなくてはいけないことがある。しかし、自分の気持ちが追いつかない。「やらなくてはいけない」という現実と、「やりたくない」という気持ちのギャップが「めんどくさい」を生み、脳の立ち上がりにブレーキをかける。これは、おそらく想像に難くはないでしょう。

⑦「めんどくさい人」に出会ったとき

「めんどくさい」アラームは、仕事など物事だけでなく、人に対しても発動します。あなたの周囲にも、「あの人、ちょっとめんどくさいよね」と思う人がいませんか？人は人、自分は自分なのに、どうして人に対して「めんどくさい」と思ってしまうのでしょう。

一言でいえば、それは、**「めんどくさい人」は、例外なく「めんどうを見てほしい人」**だといえるからです。つまり、**周囲に余計な頭を使わせる人を、「めんどくさい人」と感じる**ということです。

「めんどくさい」と、言葉や態度で示している張本人は、半ば思考停止状態になっています。働くべき脳番地が、キビキビと働いていない状態です。

すると、張本人の脳がストップしている代わりに、周囲の人たちが、本当なら使わなくてもいいはずの脳番地を使わされることになります。

このように、「めんどうを見てほしい人」がいると、自分の脳を余計に働かせなくてはいけない。だから、「めんどくさいな」と思うのです。立場を変えてみれば、自分の「めんどくさい」は、周囲の脳を無駄遣いするともいえます。

といっても、何をしてほしいのかが、はっきりしている人のことは、あまり「めんどくさい人」とは思わないでしょう。他人の頭ではなく、他人の体を動かす人、しかも、明確な目的に向かって意思決定をしたうえで、人を動かす人は、めんどうではないのです。

では、どういう人が本当に「めんどくさい人」かというと、周囲への依存心はムンムン臭ってくるのに、実際には何を考えているのか、周囲に何を求めているのかが、はっきりしない人です。

そういう人がいると、周囲はあれこれと考えを巡らせてしまいます。「どういうことだろう」「できない、ということかな」「それとも、部分的に困っているのかな」「体がきついのかな」「助けを必要としているのかな」などと、要するに余計に頭を使わされます。

ある人が、めんどうを見てほしそうな雰囲気を出している。それが何かはわからないけれど、何かしら手間をかけられそうな気がする。めんどうをかけられそうな雰囲気が「臭う」から、その人のことを「めんどくさい人」と思います。そう考えると、「めんどくさい＝面倒臭い」とは、意外によくできた言葉ですね。

いかがでしょう。脳が「これはなんだか負担になりそうだ」と、めんどうな雰囲気を嗅ぎ取ったときに「めんどくさい」アラームが鳴ります。その背後には、これだけさまざまな事情があるのです。

今もいったように、「面倒がる」から、「めんどくさい」。そう感じた時点では、ただの臭いだけで、実体はボンヤリしています。その「臭い」の元は何かと、自分で考えてみることが大切です。

改めて並べてみると、**「めんどくさい」アラームは、どれも脳の正直な反応といえ**

ますが、放っておいては、動けないままです。動けないままでは何も前に進まないし、動かない。つまり自分の能力も未来も広がりません。

今、自分が感じている「めんどくさい」は、どんな「めんどくさい」なのか？

漠然と感じている**「めんどくさい」の正体を明らかにし、きちんと取り扱ってあげることが、脳を伸ばし、より可能性に満ちた人生を送る糸口になる。**そう冒頭でお話ししたことが、まずは少しリアルにイメージできたなら、うれしく思います。

「めんどくさい」は脳をフリーズさせる

まず、「めんどくさい」は脳のアラームであり、それには種類があるということがわかりました。では「めんどくさい」アラームが鳴っているとき、脳はどうなっているのでしょうか。

一言でいえば「フリーズ状態」です。

「めんどくさい」と思わない状況とは、やるべきことが目の前に現れたとき、瞬時に、複数の脳番地がキビキビと働いている状況です。

たとえば、ある仕事を指示されたとしましょう。

「めんどくさい」と思わない人は、まず、その仕事の目的を理解します。上司の指示を聞き、資料に目を通します。そこから、やり方を考えます。スケジュールを確認したり、過去の経験を参照したりもするでしょう。自分ですること、人にお願いすることを仕分け、適時、的確に人とコミュニケーションもとっていきます。

脳の処理能力が高い人は、必ずしも自分一人で何でもできるわけではなく、「助けてほしい」と明確な意思表示もできます。「この部分は自分ではできない」と判断し、なおかつ人に伝える能力も高いということです。その際には当然、相手の気持ちにも配慮して伝えなくては、おそらくうまくいかないでしょう。

そして、自分がすべきことにもさっそく取り掛かり、仕事を仕上げていきます。

この一連の流れで、理解系脳番地、思考系脳番地、記憶系脳番地、伝達系脳番地、運動系脳番地、さらには視覚系脳番地や聴覚系脳番地、感情系脳番地、要するに8つの脳番地すべてが、連動して働いています。

理解する、考える、記憶を辿る、見る、聞く、伝える、動く、感じる。「やらなくてはいけない」となったときに、脳が、こうした複合的な働きにすんなりと入ることができれば、「めんどくさい」アラームは発動しません。

逆に言えば、「めんどくさい」アラームが鳴り響くとき、脳は、複合的な働きができていません。要するに「フリーズ」状態というわけです。

そうなると、簡単な掃除一つでも、すぐに終わらせることができなくなります。「掃除しなさい」と言われたときに、「ゴミを片付け、ざっと掃除機をかければいい」という具合に脳が働けば、「めんどくさい」と思うまでもなく、即完了です。

それなのに「めんどくさい」と思ってしまうのは、「掃除しなさい」と言われて、すぐにやるべきことが見えないからです。見えないので、すぐに動けません。

視覚系、理解系、思考系の脳番地がきちんと働けば、「ゴミを片付けて、ざっと掃除機をかければきれいになる」とわかるはずです。でも、「掃除しなさい」という聴覚情報を受け取った時点で、脳がフリーズしてしまっているのです。

やや極端な例だったかもしれませんが、このように、「めんどくさい」は脳をフリーズさせます。

それでも「やるべきこと」は消えません。「めんどくさい」に対処しないままだと、脳番地がフリーズした状態を引きずったまま、取り組まざるを得ません。「めんどくさい」に足を引っ張られ、脳のスイッチが入りきらないまま進めるのですから、当然、仕事のスピードも質も落ちてしまうでしょう。

先ほども述べたように、「めんどくさい」がない状態とは、脳番地がキビキビと、複合的に働いている状態です。

その状態を、気まぐれにではなく、自分で意図的につくることができたら、「めんどくさい」に邪魔されずに物事を進めることができます。

「めんどくさい」を引きずることなく、「今、私は脳を使わなくてはいけないんだ」と切り替え、実際にそうしていく。カギとなるのは、「させられる」を「する」「したい」へと変化させることです。具体的なコツは2章でお話ししますが、これが「めんどくさい」を正しく取り扱うということです。

脳番地ごとに異なる「めんどくさい」もある

「めんどくさい」の形は、脳番地ごとにも異なります。

たとえば、視覚系脳番地では、目で見た情報を正確に処理できないときに「めんどくさい」となります。それと同様、聴覚系脳番地では、聞いたことを正確に処理できないと「めんどくさい」となります。

また少し極端な例ですが、「掃除をしなさい」と言われて、部屋を見たら、ゴミが1つ落ちているだけだったとしましょう。視覚系脳番地が弱っていると、この視覚情報を「ゴミを1つだけ拾えばいい」という判断と行動に結びつけることができません。だから「掃除？　めんどくさいな」となるわけです。

先に7つ挙げた「めんどくさい」アラームは脳全体に関わる一方、今、少し触れたように、**脳番地ごとに異なる「めんどくさい」もある**ということです。

では、その他の脳番地は、どんなときに「余計に働きたくない」「めんどくさい」という危機メッセージを発するのでしょう。これも1つずつ、ざっと見ておきましょう。

理解系脳番地は、見たこと、聞いたことなど複数の情報を飲み込んで統合する脳番地です。したがって、理解系脳番地では、主に人の話や、目で見た状況が理解しづらいときに統合が進まず「めんどくさい」が発生します。

話が長い人や要領よく話せない人と話しているときや、見るからに混乱した状況を前にしたときに「めんどくさい」と感じるのも、理解系脳番地からの危機メッセージです。

運動系脳番地では、ふだんより余計に体力を使わなくてはいけない局面で「めんどくさい」が発生します。「接待ゴルフがめんどくさい」「地方出張がめんどくさい」「外出がめんどくさい」……どれも運動系脳番地からの危機メッセージです。

思考系脳番地では、手順が多いときに「めんどくさい」が発生します。短期間に、複数のことを同時に考えたり、行ったりしようとすると、思考系脳番地の負担が増します。それがうまくできないときに、「めんどくさい」と反応してしまうのです。

手順が多くても把握できていればいいのですが、「あれやらこれやら、手順が多そうな雰囲気」に呑まれると、たちまち「めんどくさい」が顔を出します。

伝達系脳番地では、人と密なコミュニケーションをとるときに、「めんどくさい」が発生します。少し込み入った内容を伝えなくてはいけない、でも、なかなか実行できない。これは、伝達系脳番地からの危機メッセージです。

記憶系脳番地では、過去の記憶から「めんどくさい」が発生します。「この作業はすごく手数がかかった」「あの上司に指示された仕事は大変だった」といった記憶がフラッシュバックすると、「またこれか……、めんどくさいな」となるわけです。

感情系脳番地では、人の感情に配慮しなくてはいけないときに「めんどくさい」が発生します。

一人で複数の人を相手にするときに、要点だけを伝えて済めばいいところ、それぞれの心証にも気を遣って話さなくては物事が進まない。人間同士のことですから、こういうケースも、ままあります。そんなときに、感情系脳番地は「めんどくさい」と反応するということです。

ざっとこんな具合ですが、いかがでしょう。

「めんどくさい」にうまく対処するには、まず、正体をはっきりつかんでおかなくてはなりません。先に挙げた7つに加えて、**脳番地ごとの「めんどくさい」を知っておくことも、立ち向かうべき「めんどくさい」の正体をつかむ一環**です。

自分が「めんどくさい」と思いがちな局面と照らし合わせてみれば、自分の脳では、どの脳番地が弱っているのかを知る手がかりにもなるでしょう。

「めんどくさい」はクセになる、「めんどくさくない」もクセにできる

前に、「めんどくさい」が知らずとクセになっている場合もあるとお話ししました。

毎日の家事が「めんどくさい」というのは、その典型といっていいでしょう。

料理や洗濯、掃除。これらは、最初こそ勝手がわからず大変でも、慣れてしまえば、どうということはありません。人を雇わない限り誰も代わってくれないのですから、さっさと片付けてしまったほうが、気分がいいはずです。

それなのに、「めんどくさい、めんどくさい」といってしまうのは、まるでアクセルとブレーキを同時に踏むようなものです。

「やらなくてはいけない」「家族のためにやってあげたい」のに、「めんどくさい」の一

言で自分をサクサク動けなくしてしまっている。これがクセになっているとしたら、そうとう、余計なエネルギーを割いていることになります。やりたくないことを無理やりしようとするほど、脳も体も消耗するからです。

一方、脳は習慣性の高い器官ですから、同じ作用によって、正反対の結果をもたらすこともあります。「めんどくさい」がクセになるなら、「めんどくさくない」もクセにできるということです。

たとえば、目標を当たり前のように達成する人がいます。これは、目標達成に向かって動くことが、脳のクセになっているということです。次々に目標や、やりたいことを設定するほど、脳はキビキビ働くようになります。脳はそれくらい、自分の意志に従順に、働きを合わせようとするものなのです。

脳のクセは、最初から設定されているのではなく、徐々に練り上げられていくものです。

「めんどくさい」を連発する人は、「めんどくさい」という脳のクセが練り上げられますし、何事もめんどうがらず、積極的に取り組む人は、決めたことを確実にやり遂げる脳のクセが練り上げられます。

要するに、自分は、どちらの脳を持ちたいか、という話です。**脳を停滞させるのも、**

働かせるのも、自分次第です。せっかくですから、「めんどくさい」と口に出すまでもなく、「すぐ動く」脳のクセをつけていきましょう。

「めんどくさい」は感情ではない

ここまでの話で、「めんどくさい」は、脳からの明確な危機メッセージだということが理解できたと思います。

「めんどくさい」は、捉えどころのない感情ではありません。「めんどくさい」は脳の生理反応であり、生理反応である以上、生じるメカニズムがあります。

それを一つひとつ理解するのが、「めんどくさい」の正体を明らかにするということなのです。

たとえば、ある人と接するのが「めんどくさい」と思ったとしましょう。

「めんどくさい」＝「いやだ」と思うだけでは、その人とイヤイヤ過ごす時間が長くなるだけです。「いったい、この人の何がめんどくさいのか」と考えてみると、まったく違ってきます。

伝えたいことがうまく伝わらない。相手が細かい注文をつけてくる。誰々さんの紹介だから、気に入らなくても無下にできない。すべて「めんどくさい」と思う原因になり得ますが、対処法は一つではありません。

うまく伝わらないから「めんどくさい」のなら、自分の伝達能力を磨く必要があるでしょう。

細かい注文がくるから「めんどくさい」のなら、入念に準備をし、瞬時に応えられるようにしておけば、めんどくさくなくなるかもしれません。

あるいは誰々さんの紹介だから「めんどくさい」という場合、どうしても気に入らないなら、いっそ距離を置いて、紹介者の誰々さんには一言断りを入れる、というのもアリでしょう。

このように、**何が「めんどくさい」を生んでいるのかと探ることが、「めんどくさい」で脳をフリーズさせない第一歩**になります。

自分の「めんどくさい」を分析すれば、先ほど列挙したように、自分の脳ではどの脳番地が弱っているかもわかってきます。そして、筋トレ同様、脳番地も、鍛えれば必ず強くなります。

そう考えると、「めんどくさい」は成長のチャンスといってもいいでしょう。

「めんどくさい」は、いったん生じてしまったら、勝手に消えてはくれません。誰かが白馬の騎士のごとく現れて、脳の「めんどくさい」回路をきれいに取り払ってもくれません。

だから、いたずらに忌み嫌うのではなく、**もともとめんどくさがりの脳が生んでいる「めんどくさい」は、自分でかわいがる。きちんと発生源を探り当て、適切に取り扱ってあげる。すると「めんどくさい」を、眠っていた力を呼び覚ましたり、思わぬ能力を伸ばしたりする糸口にもできる**のです。

「めんどくさい」がなくなる脳の作り方とは、いうなれば、「めんどくさい」を逆手にとった能力開発法です。たとえ「めんどくさい」と思ってしまっても、瞬時に切り替え、すぐに動ける自分になっておくことが、自分をもっと成長させるのです。

2章

「させられ脳」から「したい脳」へ

「めんどくさい」をなくす脳の強化法

なぜ「楽しい作業」はめんどくさくないのか？

すでにお話ししたように、脳を使うことは、おしなべて「めんどくさい」ことです。「めんどくさい」と思ったとたんに、8つの脳番地の活動度は低くなり、脳番地同士の連携も滞って、脳全体がフリーズしてしまいます。

一方で、いくら脳を使っても「めんどくさい」と感じない場合があります。

楽しいことをしているときは、誰も「めんどくさい」なんて思いません。「めんどくさい」どころか、いくらやっても「まだしたい」「もっとしたい」「もっと、もっとしたい」と思うものでしょう。

「楽しいことだと、感覚がマヒして疲労を感じない。そんなの当たり前でしょ」というかもしれませんが、同じ脳を使うのでも疲労度が違うというのは、単なる感覚のマヒではありません。「楽しい」と感じている感情系脳番地に、ほかの脳番地が騙されているわけでもありません。

じつは、**楽しいことをするときほど、脳はスムーズに、効率よく働く**のです。

だから、長時間、脳を使っても疲れません。**楽しいことをしているとき、脳は「疲れを感じにくい」のではなく、実際に「疲れない」**、そう言ってしまってもいいでしょう。

ということは、**「やらなくちゃいけないこと」が、すべて「楽しいこと」であったなら、脳はいつも効率的に働き、疲労を感じない**はずです。「めんどくさい」とも無縁でいられるでしょう。

いやいや、そんなことを言われても、すべてを楽しむことなんてできない？　たしかにそうだと思います。日常のタスクのなかには、どうしたって楽しんでできない、まさに「めんどくさい」ものも、たくさんあります。

ただ、心から楽しめないまでも、積極的に「する」「したい」と思えればいい……といったら、どうでしょうか。これは、「楽しんでする」とほぼ同等です。自分にとってもともと楽しいことを、「楽しんでする」のは当たり前。でも、**楽しくないことですら、**

「楽しんでする」に近づけることは可能なのです。

他人に「やらされている」を、自分から「する」、さらには「したい」に変える。「めんどくさい」を適切に取り扱えば、こういう変化も、自在に起こすことができます。

「させられ脳」を「したい脳」に変える合言葉

「めんどくさい」は、往々にして「自分の状況への反発」から生じます。

たとえば、休日出勤しなくてはいけない。本当は週休2日のはずなのに。

上司から「残業してくれ」と言われた。そんなことをしても給料は上がらないのに。

つまらない伝票整理を指示された。でも、これって、私がすべき仕事なの？

まさに、1章で挙げた「めんどくさいシチュエーション」の一つ、「現実と自分の気持ちにギャップがある」ケースです。目の前には、やらなくてはいけないことがあるのに、ブツブツ不満ばかりで、気持ちが「したい」に向かないのです。

でも、やらなくてはいけない状況は、ブツブツ言ったところで変わりません。めんどうでも、「やる」と決めれば、少なくとも、「めんどくさい」で止まっている状態から一つだけ前に進むことができます。

ここでサッと気持ちを切り替え、サッと動き、サッと処理してしまえるようになるには、どうしたらいいでしょうか。

一言でいえば、その秘訣は「自分を2番目に置く」ことです。

たとえば、医師が10日間の連続勤務を終え、まともな食事とビールを買って帰宅したところへ、病院から急患の連絡が入った。そんなとき、「めんどくさい」なんて思っていられません。

自分が駆けつけなくては、患者さんは亡くなってしまうかもしれない。となれば、当然、「ゆっくり休みたい」「おいしい食事をとってビールを飲んで、寝てしまいたい」という自分の欲は二の次です。

自分の「こうしたい」や「こうありたい」と、目の前の現実がぶつかりあったとき、「めんどくさい」は生まれます。逆にいえば、いったん自分のために生きるのをやめてみると、「めんどくさい」とは感じなくなります。

つべこべ言わずに、「ジャストドゥーイット！（Just do it!）」な脳になるのです。実際、私は、新米医師からの数年間は、全くと言っていいほど自分のために生きていませんでした。この時代を「奴隷のようだった」と他の多くの医師も振り返ります。

医師のケースは患者さんの生命がかかっているので、特殊だと思われるかもしれません。

「医師が職場放棄するわけにいかないのは、もちろんわかるけど……私の場合はそれほど緊迫していないので、やっぱり『めんどくさい』と思ってしまいます」――その主張も、よくわかります。

ただ、ここで私が問題にしているのは、じつは職業の違いでも、状況の緊急度でもないのです。

では何がいいたいかというと、たとえ「めんどくさい」と思ってしまっても、事態の緊急度にかかわらず、「ジャストドゥーイット！」な脳に変えられるということです。

自分の欲を2番目に置いて、目の前の現実に対処する、しかも、「させられ脳」ではなく「する脳」「したい脳」で対処する自分になることができるのです。

そのカギとなるのが、次の合言葉です。

「私は何をしてもプロなんだ」

「私は何をしても一流なんだ」

人間の体は、どこを切っても血が出ます。それくらい当たり前のように、自分は何をしてもプロの血が出る。プロである以上、一流の仕事をする。「めんどくさい」が浮かんだら、そう自分に向かってつぶやいてみてください。

これは、じつは私自身がやってきたことです。私は、35歳くらいまで医師として新人のようなものだったので、本当にいろいろなことをさせられていました。さらに35歳から41歳までは、アメリカでの脳研究生活においても異分野の中で新人でした。そこで何をするにも、「自分はどこを切っても一流のプロの血が出る」と考えるようにしていました。

すると、一瞬で「させられる」が「したい」に変わります。

そして「したい」と思うことをするとき、人は、言われた以上のことができるものなのです。プロ意識を持つという「めんどくさい」対処法が、そのまま、自分の限界に挑戦し、能力を著しく向上させることにつながるというわけです。

前にも、「めんどくさい」は、「脳が余計に働きたくない」サインだといいました。これは「今ある能力で、ラクラクできる程度のことだけ、すればいい」という、現状維持のスタンスです。言い換えれば、「自分はこの程度でいいや」という自分の現れですから、ここを乗り越えていかなくては成長できません。

そのための合言葉が、「自分は一流のプロなんだ」なのです。

「そんなことで変わるの？」と思ったかもしれませんが、騙されたと思ってやってみてほしいと思います。プロは、誰からも、何も、「させられる」ことは決してありません。

プロは、ただ「する」のです。

それに引き換え、「めんどくさい」「やりたくない」「放り出して逃げたい」なんて、とうていプロの考えることではありません。

自分像を「プロ」に仕立てることです。プロの名に恥じぬよう一流の仕事をするんだ。その思いが脳を動かします。脳のフリーズ状態が解け、「させられ脳」が「する脳」「したい脳」へと変化し、「では、どうしたらいいか」に向かって、脳番地が複合的にキビキビと働き出します。

つまり、**「私は一流のプロ」という合言葉を発することで、何事によらず「ジャストドゥーイット！」な脳になれる。**そこで脳は、プロの自分像へ適応しはじめて、物事を理解し、方法を考え、動き、目的を果たす、最初のスタートダッシュを切ることができるのです。

「めんどくさい」を半減させる脳番地

①理解系脳番地

「自分は何をしてもプロであり、プロである以上、一流の仕事をする」

この思いが、「させられ脳」を「する脳」「したい脳」に切り替える合言葉だとお話ししました。

でも、こうして「ジャストドゥーイット！」な脳になっても、その勢いに付随して脳番地が適切に働いてくれないと、脳は「する」と決めたのに取り掛かれない、「したい」のにできないという、グルグル迷子状態に陥ってしまいます。

脳内にはふつふつと燃えたぎる意志があるのに、その熱が適切なアウトプット先を見つけられないのです。

ここで、まずしっかり働かせたいのが、理解系脳番地です。

前に述べたように、**「めんどくさい」がない脳とは、8つの脳番地が連携してキビと動く脳**です。**なかでもとくに重要なのが「理解して、動く」、すなわち理解系脳番地と運動系脳番地の連携**です。

実際に行動に移すには、「これこれを、こうすればいい」「自分に求められているのは、こういうこと」という「理解」が必要だからです。

理解系脳番地を使って、やるべきことの内容や、自分の役割を理解して初めて、思考系その他の脳番地が働きます。そして「行動」というアウトプットにまで持っていけるということです。

やるべきことの内容や自分の役割を理解しないままだと、無駄な手数を踏んでしまうことになるでしょう。「下手な鉄砲、数打ちゃ当たる」とは言いますが、無駄な手数を踏むうちに、「めんどくさいな」が蘇ってきかねません。

スッキリと的確な行動に移すには、事態をきっちり掌握したうえで動き出すのが一番です。理解系脳番地にしっかり働いてもらって、すべきことの内容や自分の役割をストンと納得することで、「さっと動ける自分」になれるのです。

②運動系脳番地

「めんどくさい脳」は、前頭葉《ぜんとうよう》の働きが活発でない脳ともいえます。

ここでもう一つ、脳番地について知っておいていただきたいのは、8つの脳番地は、アウトプット系とインプット系に分かれるということです。

思考系、伝達系、運動系、感情系の脳番地は、アウトプット系の脳番地です。すべて脳の前のほう（前頭葉）にあります。一方、理解系、記憶系、聴覚系、視覚系の脳番地はインプット系の脳番地で、これらは前頭葉以外の場所にあります（感情系脳番地だけは、インプットにもアウトプットにも関わっています）。

今、述べたように前頭葉にはアウトプット系の脳番地が集まっています。「めんどくさい脳」とは、要するにウダウダして行動に移せない脳ですから、アウトプット系が弱い、つまり前頭葉が弱いということです。

前項で、「めんどくさい」を解消するには理解系脳番地を働かせ、やるべきことや自分の役割を理解することが大事だとお話ししました。

理解系脳番地がきちんと働いてくれれば、問題はありません。ただ、理解系脳番地はインプット系ですから、ここにはまり込んでしまうと、また脳はアウトプット先を見つ

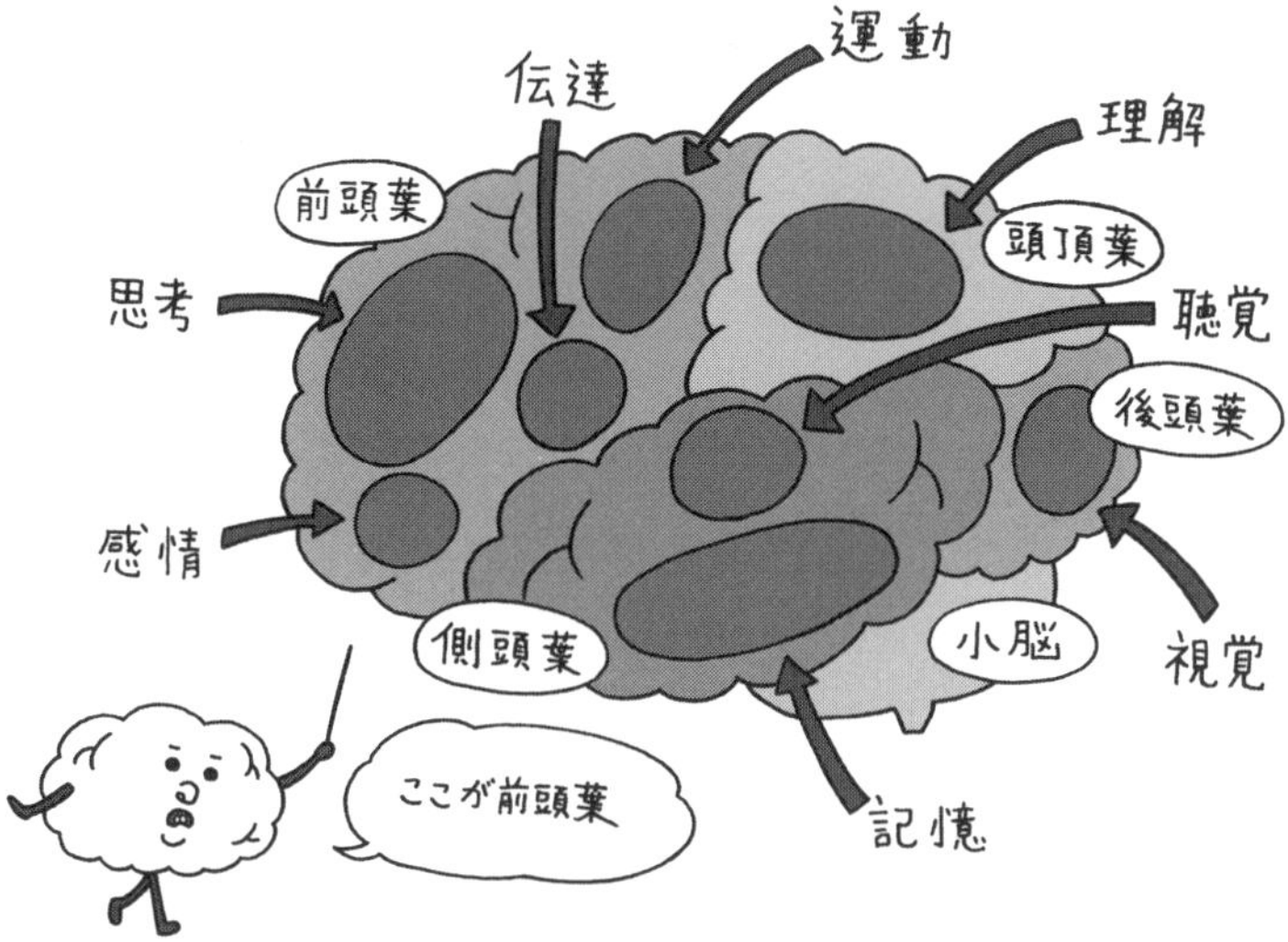

けられず、迷子になってしまいます。
「理解→行動」が理想の流れではありますが、脳がインプット系でグルグルしてしまわないよう、瞬時にアウトプット系に切り替えられるようにしておいたほうがいいのです。

では、どうしたらアウトプット系へと瞬時に切り替えられるでしょうか。

それが、じつは「体を動かせばいいだけ」なのです。

運動系脳番地のスイッチを入れると、それにつられるようにして、思考系脳番地や伝達系脳番地も働き出します。

とりあえず動いてみることで、ほかのアウトプット系の脳番地にも連鎖的にスイッチが入り、そうこうし

ているうちに、いつの間にか「めんどくさい」は消えてしまう、というわけです。

アリストテレス、ルソー、カント、キルケゴール、日本人では西田幾多郎《きたろう》など、高名な哲学者は歩きながら思索を深めていました。アリストテレスの作った哲学者グループは「逍遥《しょうよう》学派（ぶらぶら歩く学派）」と呼ばれていたほどです。

名だたる哲学者に「歩く習慣」が共通している。歩きながら考えると、考えがまとまりやすい、ひらめきやすいということを、彼らは経験的に知っていたのでしょうが、これは、脳科学的に見ても、非常に理にかなったことなのです。

とくに朝、脳が低覚醒のときに少し体を動かすと効果的です。

実際、多くの人の脳画像の診断をしていても、左脳の思考系脳番地が弱っている人は、朝、ちゃんと起きられないという傾向が見られます。そこで「朝、思考系脳番地を働かせよう」といわれてもピンとこないと思いますが、「少し早起きして体を動かす習慣をつけよう」なら、ずっと実践しやすいでしょう。

朝の行ないによって、かなり「めんどくさい」を減らせるのです。

手足を動かすと、とくに効果的です。少し早起きをして、朝日を浴び、ストレッチをする、ラジオ体操をする、外に出て家のまわりをグルリ1周くらい歩く。これで脳がアウトプットに切り替えられ、「めんどくさい」に煩わされずに1日を始めることができます。

加えて、1日のなかでも、スキさえあれば体を動かすクセをつけるといいでしょう。朝に体を動かして脳のスイッチを入れても、日中の運動量が少ないと、また「めんどくさい」が顔を出すからです。

たとえば、朝からずっと座り仕事が続くと、午後にはすっかり気分がだれている、というのは、きっと誰にでも覚えがあると思います。放っておけば、あっという間に「めんどくさい」気分でいっぱいになってしまいます。

私自身は、あまり「めんどくさい」とは思わないほうなのですが、午前中からずっと診察や取材が続いて外出する機会がないと、さすがに、めんどくさい気分になってきます。

ここで、ちょっと時間を作って表を歩いたり、ストレッチをしたりすれば、いい気分転換にもなります。運動不足を解消すると「めんどくさい」も解消される、そういっても過言ではありません。

「忙しいのに、そんな時間はない」「体を動かしても、仕事は進まない」と思うかもしれませんが、**体を動かせば、ほかのアウトプット系の脳番地もリフレッシュされ、処理能力が上がります。脳の中では、体を動かすことが、仕事を進めることに直結しているの**です。

「手順」さえわかれば、めんどくさくない

「めんどくさい」に煩わされないためには、まず理解系脳番地で、やるべきことの内容や自分の役割を理解する。

完全に理解できないまでも、とにかく体を動かせば、運動系脳番地につられて、ほかのアウトプット系の脳番地が働き出す、といいました。

ここで思い出していただきたいのが、1章の冒頭で挙げたいくつかの「めんどくさい」アラームです。その中で「手順がわからないとき」に触れました。

じつは、理解系脳番地と運動系脳番地によってほかの脳番地が働き出すと、この「手順がわからないから、めんどくさい」が解決できます。運動系脳番地と連動して思考系

脳番地が働きはじめると、まず「手順」が見えてくるからです。

効率的に物事を処理するには、まず何をして、次に何をして、最後に何をすればいいのか。処理の道筋を立てられる「ソリューション（問題解決）脳」になれるのです。

私には息子が2人いるのですが、長男のほうは、20歳を過ぎて、すでにソリューション脳が出来上がっているように見えます。何かに取り組む際に、すぐに「どうしたらいいか」を考えはじめ、自分なりに手順を組み立てるようです。そのせいか、長男が「めんどくさい」と口にするのは、かなり頻度が減ったように思います。

そんな長男にとっては、「こうすればうまくいく」という手順とは別の要素が割り込んできたときが、じつは「めんどくさい」シチュエーションです。手順は見えるし、教えられることの飲み込みも早い一方で、一つの手順に凝り固まって融通が利きにくい、という難点があるのです。

融通が利く脳、利かない脳については、また後ほど触れることにして、話を戻しましょう。

ともあれ、目的を達するまでに何段階あるのか、各段階では何をすればいいのか、という手順さえ見えれば、その手順どおりに「する」だけ。つまり、**手順が見えれば「めんどくさい」がなくなり、「する脳」になる、すぐに行動に移すことができる、**といううのはたしかです。

これは、「できること」と「できないこと」の量的、質的な見積もりができるということでもあります。

何事に取り組む際も、個人に求められるのは万能性ではありません。

一人で何でもできなくても、与えられた時間や自分の能力でできること、できないことを仕分けられれば、人の助けを借りることもできるでしょう。それがわからないから、一人で抱え込み、無為無策のまま仕事を滞らせる羽目になるのです。

「めんどくさい」という目で見ている限り、目の前のことはすべて、正体不明のままです。それがまた「めんどくさい」を増幅させます。

でも、**手順さえ見えてくれれば、物事の輪郭がはっきりし、達成に向けて一つひとつ段階を踏んでいくことができる**のです。

自分を覚醒《かくせい》させる朝10分のテクニック

「めんどくさい」を、より効果的に解消するには、手順を「見える化」するのもおすすめです。ゴールに向かってすべきことや、一日の予定を書き出しておけば、視覚系脳番地にもインプットすることができ、より効率的に動くことができます。**見える化は、「させられる」という意識から、積極的に「する」という意識へ、自分を本気にするテクニック**といえるでしょう。

朝、仕事を始める前にほんの10分、手順を見える化する。目的を着実に果たすのに重要な、ほんの10分の考える時間を作れるかどうかが一日の価値を大きく変えます。

見える化の仕方にも、いくつか提案があります。

「めんどくさい」が減る、見える化のコツ

①「手書き」で書き出す

まず、紙と鉛筆やペンを準備し、やるべきことや手順を「手書き」で書き出しましょう。

キーボードを打つより、自分の手で書き、書いたものを目で確認するほうが、より視覚系脳番地への刺激になります。

また手書きのほうが、タイピングより大きな運動になるため、運動系脳番地も、より強く刺激されます。

運動系脳番地を刺激するといいのは、すでに説明したように、同じアウトプット系である思考系脳番地を連鎖的に働かせるからです。

②こなした量を見て確認できるようにする

見える化に関する2つめの提案は、自分が「こなした量」も見える化することです。円グラフ、棒グラフ、どんな形でもいいので100パーセントの図を書き、順次こなした量を記入していってみてください。

「100パーセントのうち、20パーセント終わった、さらに30パーセント終わった、これで全体の半分が終わったことになる」

日付と時間も併記すると、よりはっきりとこなした量を実感できます。

こうして、**自分がこなした量が一目瞭然になると、脳は喜びます。**脳は達成感が大好きだからです。うれしいことはもっとしたいものですから、脳は、もっと達成感を欲します。つまり、**こなした量を見える化することでも、「させられ脳」は「したい脳」に変わる**ということです。

③一日の予定は、「一日のお尻」から逆算して立てる

一日の予定を立てる際には、一日の頭からではなく、お尻から予定を立ててみてくだ

さい。これが3つめの提案です。17時に会社を出たいのなら、16時までに何をして、15時までに何をして……というふうに一日を逆算していくのです。

私も、一日の予定はオンラインで社員と共有していますが、それとは別に、毎日、一日の予定を逆算して立てています。もちろん、最初に提案したとおり、ノートに「手書き」で記します。こうして、**一日のデッドラインを意識して予定を立てると、これまで以上に時間を意識するようになる**でしょう。**時間を意識すると記憶系脳番地が刺激され、「めんどくさい」と感じにくくなります。**

さらに、時間どおりに進めることでも、先ほど述べたような達成感を脳に感じさせることができます。「ここまで時間通りにできた！」「できた！」「できた！」……と、どんどん脳に、達成感というご褒美を与えていけるでしょう。

このように、**手順や予定を見える化する。しかも日付や時間、達成率といった数値で見える化するほど、「させられる」から「する」「したい」への変化を起こし、自分を本気にさせることができます。**

誰に言われるまでもなく、自分が主体的にスケジュールをこなしている。物事を完全に掌握し、思いどおりに動かすことができている。そんな「めんどくさい」をはるかに上回る快感を、どんどん脳に送ってあげましょう。

「すぐやる」でなくていい、「すぐ準備する脳」になろう

すぐに取り掛かり、サクサク終わらせなくては……。

そう思いつつ、なぜかウダウダしてしまうのが、「めんどくさい」の厄介なところです。ひとたび「めんどくさいな」と思ってしまうと、何も手がつかないまま時間が経ってしまいます。

とくに現代は、やることなすこと誘惑が多い世の中です。仕事に取り掛かろうとパソコンを立ち上げたものの、延々とネットサーフィンをしてしまったり、SNSに釘付けになってしまったり。そして気づいたら軽く1時間や2時間が過ぎていた！　こんな覚えのない人のほうが、おそらく稀でしょう。

じつは私自身が、どちらかというと、すぐに仕事に取り掛かれないタイプです。集中しようと家や会社を飛び出し、カフェに行っても、まずネットサーフィンをしてしまいます。仕事道具であるパソコンに誘惑が詰まっているのですから、困ったものです。

どうしたら「すぐやる人間」になれるかと、しばらく試行錯誤しましたが、あるとき発想をガラリと変えてみました。

ネットサーフィンをせずにさっと仕事に取り掛かるのが難しいのなら、ネットサーフィンの時間自体を、もっと有意義な時間に変えればいいのではないか、そう思ったのです。

一言でいえば、無駄に遊ばせていた時間を「準備の時間」にすればいい、ということです。

たとえば、原稿を書かなくてはいけないときは、ネットサーフィンで原稿に役立つ資料集めをするように変えてみました。

ここで変えたのは、「閲覧する内容」もそうですが、より影響が大きかったのは「内容を捉える自分の意識」です。今までは、あまり意味を見出していなかった類の情報も、仕事と結びつけて考えてみるようにしたのです。

すると、意外な切り口が見つかったり、今まで思いつきもしなかったアイデアが浮かんだりと、発想の幅が広がりました。仕事内容によるとは思いますが、情報とは、受け取る側の意識一つで無駄にも有用にもなるのだと、改めて実感しました。

こんなことを言うと、「仕事の準備をするのなら、仕事に取り掛かっているのと同じでは？　やっぱり『めんどくさい』と思ってしまいそう……」という声が聞こえてきそうです。

でも、やってみれば、きっと気づくでしょう。仕事に取り掛かる前に感じる「めんどくさい」は、もっと厳密に言えば「本腰を入れて取り掛かるのが、めんどくさい」である場合が大半です。前にも挙げた「スイッチを入れるときがめんどくさい」という状況です。

そして、その理由は十中八九、準備不足です。十分な準備をしていないのに、いきなり本腰を入れて取り掛かろうとするから、イマイチ身が入らず「めんどくさい」となってしまうのです。

逆に言えば、**「めんどくさい」を発生させないためには、しっかり準備をすればいい**、ということ。**準備の過程で脳にスイッチが入り、本当にやるべき仕事自体は、キュッと時間短縮して処理できます。**

だから、まだまだ取り掛かる気分になれなくても、とりあえず、仕事に関係するものに触れるようにしてみてください。ネットサーフィンでも、「何か仕事に結びつかないか」という視点を持ってみるといいでしょう。

ゆっくり走りはじめ、徐々にスピードをあげ、そして思い切り踏み切って高く跳ぶ。本腰を入れる前の準備時間は、棒高跳びの助走のようなものです。

ここで、**もっとも大事なポイントは、「準備は、めんどくさいとは感じにくい」ということ**です。

高く跳ぶにはそうとうなエネルギーが必要ですが、助走の最初のほうでは、あまりエネルギーを出しません。それと同じく、**ゆるゆる準備を始めるのは、脳に大した負荷をかけないので、あまり「めんどくさくない」**のです。

「すぐやる脳」になれなくても、「すぐ準備する脳」になる。仕事に本腰を入れる前の時間を、何となくでも「準備の時間」とすれば、もう「めんどくさい」に惑わされることはなくなるでしょう。

しかも、**脳は、準備をすればするほど伸びる**ようにできています。

準備をするというのは、ウェブ上や身の回りに散らばっている断片を拾い集め、自分の目的に向かってまとめていく作業です。それには、記憶力が必要です。

パズルをするときも、一つのピースが、目指す絵柄のどの部分に当てはまるか、さっき手に取ったピースが、今、手に取っているピースにピッタリはまるのではないか、などと記憶を辿りながら考えますよね。

準備も、これと同じです。つまり**準備をするほど、記憶系脳番地が鍛えられ、より効率的に脳を使えるようになる**のです。

一度決めた優先順位に縛られないようにする

仕事を効率的に進めるには、優先順位をつけよう。

よく言われることですが、優先順位に縛られると、かえって「めんどくさい」が生まれやすくなり、非効率になってしまいます。

たとえば、その日のタスクのうち、一番手がかかりそうなものを朝イチから片付けてしまおう、と思ったとしましょう。

ところが、その朝に限って調子があがらず、ぜんぜん頭が回らない、「めんどくさい」……こんな状態で「でも、決めたんだから、やらなくちゃ」と進めようとしても、いたずらに時間が過ぎていくだけです。

回らない頭で無理に仕上げれば、仕事の質も下がってしまうでしょう。

そんなときは、優先順位を変える柔軟さも必要です。「今朝は調子が悪いから、もっと簡単な仕事から片付けていこう」というふうに、自分や周囲の状況に応じて、優先順位をアジャストできるようにしておきたいものです。

なんとなく気乗りしないメール、なんとなく気乗りしない雑務。難易度による優先順位のみならず、その瞬間に気乗りしないものは、状況が許す限り、後回しにしてしまえばいいのです。

これは、決して怠けるということではありません。優先順位を臨機応変に変えられるような「遊び」を、つねに頭の中に残しておこう、ということです。

じつは私自身が、そうすることのメリットを実感している一人です。

以前、私はどちらかというと優柔不断で、仕事も遅れがちでした。でも、絶えず優先順位を考え、変更するということを覚えたら、明らかに「めんどくさい」気分に襲われることが少なくなりました。

たとえば、期日の順に優先順位を決めるという人は多いと思います。

でも、何かインスピレーションが働いて、まだ期限が先のものをする気分になったら、それを、まずやってしまうことをおすすめします。きっと、あとで取り掛かるよりスピード的にも質的にも、ずっといい仕上がりになるでしょう。

そのためにも、**一度決めた優先順位をアジャストする柔軟さを持っておく**必要があるのです。

一度決めた優先順位に縛られていたら、「まず、これをやらなくちゃ」で頭が凝り固まり、別のものに対して働いたインスピレーションを捉えることができません。

こうして、本当は脳の関心が別のものに向いているのに、最初に決めた優先順位にこだわって物事を進めようとすると、「めんどくさい」が生じます。「今はやりたくないこと」を、無理やりすることになるからです。

もちろん、仕事には期日がつきものです。気分にかかわらず、まずもって優先しなくてはいけないことに直面する場合もあるでしょう。

ただ、これまでにも述べているように、「べき」は「させられ脳」につながります。

脳がもっとも効率的に働くのは、「したいこと」をするときです。

そんな脳の性質からしても、よほど切羽詰まった状況でない限り、**「今すべきこと」より「今、できること」「今、したいこと」を優先させたほうが、結果、すべてが効率よく運ぶ**のです。

融通が利く脳、融通が利かない脳

融通が利く脳は、あまり「めんどくさい」と思わない。

これは、前項の話からも、何となく想像できるのではないでしょうか。

物事の優先順位同様、一度「こう」と決めた手順に縛られないことも、無用に「めんどくさい」を発生させないコツです。

脳が働き、手順が見えてきても、それがすべてと決めつけてしまうと、予期せぬ事態に対応できません。手順が見えた時点で、さっと取り掛かることはできますが、その道を邪魔されると「めんどくさい」となってしまいます。

つまり、融通が利かない脳とは、最初に決めたシナリオと違うことをするのが「めんどくさい」のです。

その点、融通が利く脳は、シナリオを決めても、どこかに変化の余地を残しておきます。「変わること」が前提になっているので、状況に応じてアジャストすることをちっとも「めんどくさい」とは思いません。

つまり、**融通の利く脳になることも、「めんどくさい」に邪魔されない一つの方法**であり、それには変化を前提とした余裕、いわば一度決めたことにも、つねに「遊び」を作っておくことです。

「融通の利く脳」といえば、いつも思い出すのはトヨタの社員の方々です。

過去に何度か講演に呼ばれたことがあるのですが、毎回、最初に決めた段取りは、じつに当日の本番直前まで微調整されつづけました。私には、前のままでも完璧に思えるのに、「いえ、先生、こうしたほうがよりよくなりますので、お願いします」と言うのです。

トヨタといえば「カイゼン」が有名です。社員の方々は、入社したときから、つねに「何かカイゼンできるところはないか」という目でものを見ることを叩き込まれています。

本業の業務のみならず、外部の人間を招いての講演会でも、見事にその「カイゼン」スピリットが発揮されたというわけです。

彼らからは、一度決めた内容を変えることに、いっさいの躊躇《ちゅうちょ》も恐れも感じられません。すべては「よりよくするために」という姿勢が徹底されているため、最初から何も変わらないと、かえって気持ち悪いくらいなのかもしれません。

なかなかその域に達するのは大変ですが、**「変化」を前提とする姿勢は「めんどくさい」をぐんと減らしてくれます。**こうして、いつ横槍《よこやり》が入っても対応できる、融通の利く脳を作っておきましょう。

気分転換上手な人は、脳をダラけさせない

閉め切った家に風を通すように、**「めんどくさい」と思ったら気分転換をして、脳をリフレッシュさせる**のもいいでしょう。

ただ、うまく気分転換しないと、気分転換がかえって「めんどくさい」を増幅させることになってしまいます。

あるとき、こんなことを言っている人がいました。

「仕事がめんどくさくて、気分転換をしたらやる気が出ると思いつつ、気分転換だけで一日が終わってしまうんです……」

まさに、下手な気分転換の典型例です。気分転換をしているつもりが、次第に現実逃

避になり、「やらなくちゃ、やらなくちゃ」と思いつつ、「でも、めんどくさい……」に負けてしまっているのです。

やるべきことは一向に進まないうえ、「やらなくちゃ」というストレスが積もり積もってしまいます。脳には、とてもよくない状態です。

気分転換とは、読んで字のごとく気分を転換するもの。すなわち、今やっていることから一時的に離れることで気分を入れ替え、またフレッシュな頭で元の作業を続けられるようにする、というのが気分転換の本来の役割です。

言ってしまえば当たり前のこと。でも、この役割をちゃんと考えていないから「気分転換だけで一日が終わってしまう」なんてことになるのです。事実、私も30代くらいまではそうだったので、よくわかります。

では、どうしたら気分転換上手になれるかというと、2つコツがあります。

一つは基本中の基本で、**気分転換の時間を決めておくこと**です。

気分転換をするタイミングは、飽きてきたとき、ダレてきたときでかまいませんが、「これから30分はユーチューブで好きな動画を見よう」「これから10分間だけ、ストレッチをしよう」というふうに、期限を設けるということです。

そしてもう一つが、**気分転換をした「後にすること」**を、**明確にイメージしてお**

くことです。

これは「元の作業に戻る」だけでは不十分で、もっと具体的に「後にすること」を頭に思い描いてから、気分転換をしてみてください。

たとえば、プレゼンの資料を作っている最中なら、「気分転換が終わったら、◯◯について」ネットで調べて盛り込もう」、原稿を書いている最中なら、「気分転換が終わったら、次の節をこんなふうに書き出そう」という具合です。

何も大それたプランである必要はありません。小さなことでいいので、「気分転換後は、どうやって続きをするか」というネクストステップを決めておくのです。

また、気分転換といえば「完全に何もしない日」を設けることも重要です。

毎日忙しく、休日も仕事ばかり、という人は多いと思いますが、いくら「めんどくさい」を解消するコツを実践しても、働きづめでは頭も体も疲れて当然です。

前にも述べたように、「疲労」と「めんどくさい」は別物なのに、簡単に結びつけてしまいがちです。そこで肝心なのは、「疲労」が「めんどくさい」につながらないよう、疲れを感じている頭と体をマメにケアしてあげることです。

疲れは、怠惰《たいだ》の証ではなく、「休もうよ」という脳のアラームなのです。無理を重ねれば、衰えも早くなります。脳を成長させ、ずっと元気に働いてもらうためには、アラームにきちんと対処してあげなくてはいけません。

だから、どんなに忙しくても、週に1度くらいは「何もしない日」を設けましょう。**必要な休息を脳に与えることが、結果、「めんどくさい」を半減させてくれます。**

そして休日明けは、いきなり脳を働かせようとしないことも大切です。それは休息モードに入っている脳を叩き起こすも同然です。そのストレスが、「めんどくさい」「もっと休みたい」につながります。

休み明けは、人と話したり、前にも述べた準備時間を少し長めに持ったりなど、「助走」を十分します。そのなかで、やるべきことや自分の役割を再確認し、少しずつ脳を本調子に戻すようにするといいでしょう。

「めんどくさい」に出口を作ってあげよう

1章で説明したように、「めんどくさい」は、脳からの危機メッセージです。なるべく疲れたくない脳は、本来「めんどくさがりや」であり、「めんどくさい」と感じたとたんに、すべての脳番地をフリーズさせてしまいます。

脳は、だいたいにおいて「余計に働きたくない」「疲れたくない」「変わりたくない」「現状のままでいい」というスタンスです。「めんどくさい」のなかにいたほうが、負担がかからず楽チンともいえます。

ただ、それでは目の前のことは何一つ進まず、脳の発達も妨げてしまいます。

しかも、放っておいても「めんどくさい」は消えないどころか、放置されたことでどんどん脳のなかで膨らんでいきます。

8つの脳番地は、すべてが左脳と右脳にまたがっています。「どうしよう、どうしよう、やらなくてはいけないけれど、めんどくさい、どうしよう……」。この「グルグル迷路状態」は、言い換えれば「めんどくさい」が右脳側の思考系脳番地で出口を失っている状態です。「やらなくちゃ」「でも、やりたくない（脳を使いたくない）」という堂々巡りの思考が、ひたすら膨らんでいるのにアウトプット先が見つからないのです。

思考系脳番地といっても、これは、何も考えることができていない状態です。右脳側で「大変そう」というイメージばかりが広がって、挙句のはてに、本当は大変ではないかもしれないことでもあることないこと想像してしまいます。

こうして「めんどくさい」を増大させるがままにしておくと、地中のマグマが噴火によって噴き出すように、あるポイントで異様なエネルギーをもって爆発することになります。それは、たいていは「怒り」となって表に現れます。人に暴言を吐いたり、もっと悪くすると暴力を振るったりする場合もあります。「めんどくさい」が適切な出口を見つけられないと、周囲との人間関係を壊してしまうリスクすらあるのです。

「めんどくさい」は、「疲れたくない」「変わりたくない」という危機メッセージですから、ときに生じてしまうのは仕方ありません。

ただ、そこで**重要なのは、「めんどくさい」に適切な出口を作ってあげること**です。右脳側の思考系脳番地で「めんどくさい」のマグマが限界まで煮え立ってしまう前に、アウトプットできる左脳側へと用水路を引いてあげるイメージです。

アウトプットといえば、以前、フリーアナウンサーの古舘伊知郎さんの脳画像を見せていただいたときは驚きました。

古舘さんは、誰もが認める「言葉の達人」ですが、じつは右脳側が超人並みに発達しているのです。「一を見て千を生む」といってもいいくらいのストーリーテリング能力は、右脳側の想像力・妄想力の成せる業なのだと納得しました。

そして、それに匹敵するほど、アウトプットする脳が発達しているのが、古舘さんの脳のすごいところです。右脳側で膨らみに膨らんだ想像や妄想が、「言葉」というふさわしい出口を持っていることが、あの超絶トークの秘密だったのです。

「めんどくさい」にも、同様のことがいえます。

右脳側で膨らんだ「めんどくさい」に、出口を作ってあげる。モヤモヤとした「めんどくさい」を、主に言語系の情報に関与する左脳側でアウトプットすることも、ぜひおすすめしたい「めんどくさい」対処法です。

「めんどくさい」を分解し、言い換えよう

右脳側でマグマのように熱く増幅する「めんどくさい」に、出口を作ってあげることが重要だとお話ししました。

そのもっとも簡単かつ効果的な方法は、前項で紹介した古舘さんの脳が示してくれています。すなわち「言葉」という出口を作ってあげるということです。

「めんどくさい」は、空にモクモクと垂れ込め、太陽の光を遮ってしまう雨雲のようだな、とよく思います。

ある仕事、ある事柄を「めんどくさい」と思うと、そのものすべてを「めんどくさい」が覆ってしまって、本当はあるかもしれないメリットや楽しみが見えなくなってし

まうのです。

こんな意識で取り組めば、能率も悪くなりますし、質も落ちてしまいます。やはり「めんどくさい」の正体を明らかにして、対処する必要があります。

だから、**「ああ〜、めんどくさい！」と思ったら、即座に「何がめんどくさい？」と考え、「この事柄の、この手順が大変」「体がきつくて、なかなか取り掛かれない」というふうに、別の言葉でアウトプットしてあげればいい**のです。

すべてがめんどうに見えるのは、たった1つだけ、わからないこと、苦手なことがあるからかもしれません。

その仕事を振ってきた上司がめんどうな人だからかもしれません。「あの上司に言われると、心理的、物理的に、余計な手数がかかる」という記憶が「めんどくさい」という反応を生んでいるということです。

あるいは、単純に体がきついから、めんどくさいのかもしれません。

分解してみれば、「めんどくさい」と思ってしまうきっかけは、喉に引っかかった魚の小骨のように、実際は些細なことである場合も多いと気づくでしょう。些細なことなら、解消するのも簡単です。

このように、**「めんどくさい」といったん向き合い、分解し、言い換えてみる**のです。

具体的な「めんどくさいの発生源」をつきとめることで、すべてが「めんどくさい」とは思わなくなります。「わからないことがある」「上司がめんどくさい」「体がきつい」と、まさに「言い換える」ことができるからです。

ただの「めんどくさい」は、周囲の人を煩わせ、迷惑をかけてしまいます。

たとえば、毎朝「めんどくさい、めんどくさい」と言っているお母さんがいるとしましょう。

それを聞いている子どもは、いつも不安でいっぱいです。「よくわからないけど、お母さんが不機嫌だ」と萎縮《いしゅく》し、甘えたくても甘えられず、お願いしたいことがあっても言いだせません。これは、決してよい親子関係とはいえません。

同様に会社などでも、「めんどくさい」という言葉や態度は、たったそれだけのことでも、周囲の人を煩わせます。明らかにネガティブモードに入っていることは伝わりますが、周囲は、いったいどうしてあげたらいいか、わからないからです。

結果、「あの人は何かめんどくさい」と思われるようになり、徐々に人が寄り付かなくなっていくでしょう。「めんどくさい」と態度や言葉で表すことが、自分自身に「めんどくさい人」という烙印《らくいん》を押すことになる、というわけです。

だからこそ、**「めんどくさい」と表現する前に少し考え、言い換えたうえで対処することが大切**なのです。**言い換えた時点で「めんどくさい」は正体不明の敵ではなく、対処可能な問題となります。**

「お母さんは、体がきついの」と言えば、子どもに無用な不安を与えずに済みます。「めんどくさい」を「体がきつい」と言い換えたことで、子どもは「体がきついのが治ればいいんだ」と理解できるからです。

仕事でも、同様です。わからないことは、調べたり、人に聞いたりすればいいだけです。上司がめんどくさいのなら、上司と仕事を切り離して考えればいいでしょう。体がきついのは、少し休めばあっという間に解決です。

こうして、みずから「めんどくさい」を分解し、言い換え、対処していれば、自然と「めんどくさい」というネガティブモードを発しなくなります。「めんどくさい人」と思われることもあり得ません。

加えて、「めんどくさい」を分解し、言い換えると、全体を覆っていた「めんどくさい」の暗雲も、細かくちぎれていきます。すると、雲間から太陽の光が差すように、目の前のことにも、明るい部分が見えてくるものです。

「わからないことを解決したら、スイスイできて快感」

「上司と仕事を切り離して考えたら、この仕事ってこんなに面白かったんだ」

「体が楽だと、能率も上がって楽しい」

こうなったら、もはや「させられ脳」ではありません。「する脳」「したい脳」がキビキビと、よりよく物事を仕上げていってくれるというわけです。

一つでも「新しい経験」を見出せれば、めんどくさくない

「めんどくさい」を分解するなかで、何かしら新しい経験となりそうな部分を見つけるのもいいでしょう。

いったい何がめんどうなのかと、「めんどくさい」の正体を明らかにする一方で、自分の成長ポイントを見出すようにしてみるということです。

「めんどくさい」が発生しているとき、脳は「やりたくない」でいっぱいです。「やりたくないのに、やらされる」という理不尽を感じ、ブレーキをかけてしまっているから、一向に物事が手につかないのです。

「させられている」を、いかに「したい」に変えるか。すでに述べてきたように、「め

んどくさい」と思ってしまった事柄は消えませんから、取り組む側の自分の意識を、いかに前向きに変えるかが、「めんどくさい」を適切に処理する一番のカギです。「新しい経験を見出す」ことでも、「させられる」は「したい」に変わります。

これは、私自身が何度も経験してきたことです。

脳は基本的にめんどくさがりですから、新しいことに取り組み、余計に働くことをいやがります。「いやだ、いやだ」と思っていると、いやな状況しか目に付きません。

そこで視点を少し変えて、「新しいことだからめんどうだけど、腕試しだと思って、一丁やってみるか」と考えてみると、「したい」に変わります。

たとえば、ずいぶん昔のことですが、全く準備も予測もしてない状況で、自衛隊と一緒にヘリコプターに乗り込み、ある離島から患者さんを搬送しろと言われたことがあります。

ヘリコプターの中は、ものすごい騒音で、聴診器を使って心臓の音を聞ける環境ではありませんでした。この時ばかりは、一瞬脳裡に「ずいぶんめんどうな仕事を依頼された」と思いました。しかし、顔色を視診したり、手で触診したりして、容体を地上に報告できると判断して、自分が同行する意味を理解したこと、そして「ヘリコプターでの患者搬送なんて、初めての経験だ、乗りかかった船だ」と思えたことで、「させられ脳」が一気に「したい脳」に変わり、積極的に取り組むことができました。

「めんどくさい」と繰り返し思うあまり、いやな状況ばかり探してしまう頭をちょっとだけ切り替えて、「新しい経験があるかもしれない」「これを通じて、成長できるかもしれない」という挑戦思考に切り換えて考えてみる。

心からそうは思えなくても、「やってみたい」とひとまず口に出してみるだけでもかまいません。

こんな簡単な発想の転換でも、「させられ脳」を「したい脳」へと切り替えることができるのです。

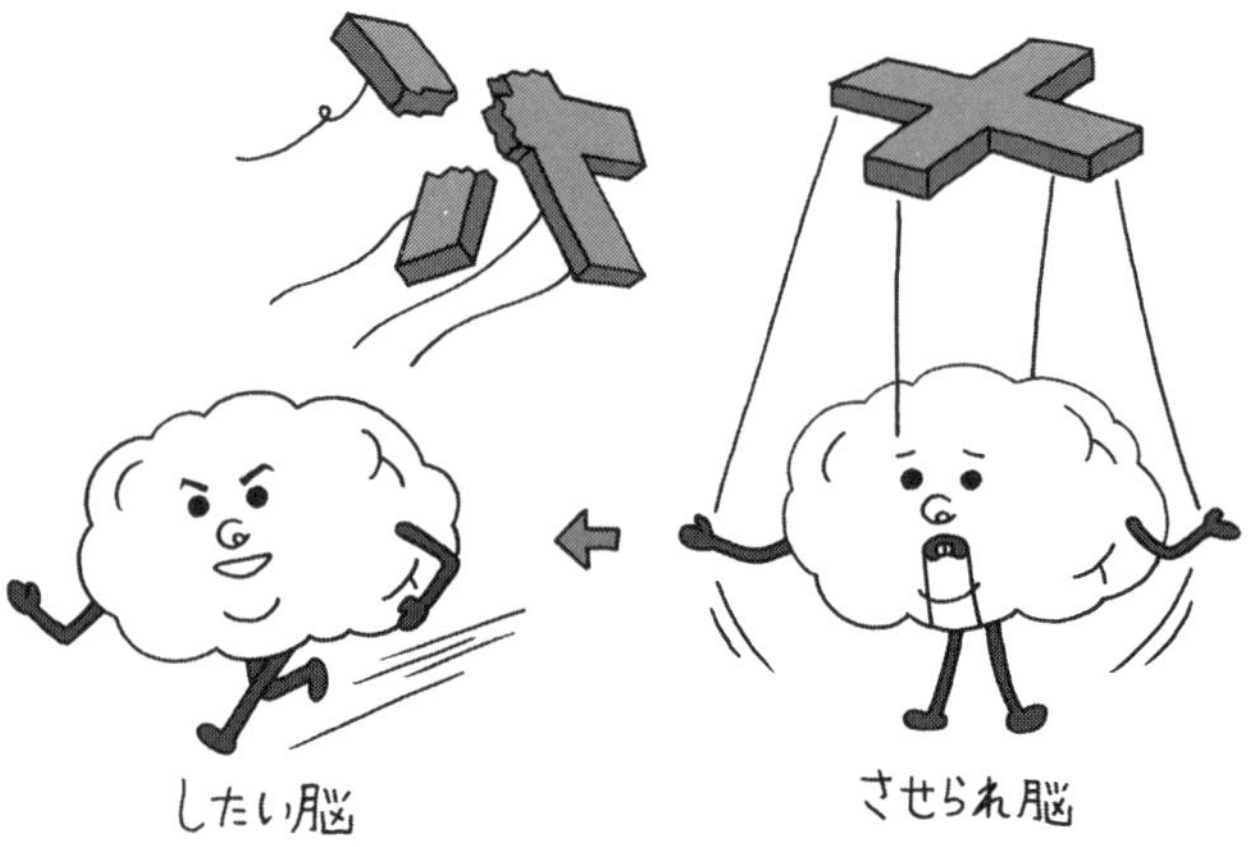

「めんどくさい」がなくなる場所選び

「めんどくさい」を解消するために、自分がより気持ちよく過ごせる場所、集中できる場所をいくつか確保しておくのもおすすめです。

同じことをするのに、かかる時間が変わるとしたら、それは、取り掛かる側の意識が違うからです。要するに、**いい気分で取り掛かれば最短時間で終わらせることができる**一方、悪い気分で取り掛かれば、やたらと時間がかかるということです。これこそ、時間と脳の無駄遣いといわねばなりません。

仕事に取り掛かるときの、自分のちょっとした気分の差で、仕事の効率は大きく変わるのです。

したがって、**一瞬でも多く気持ちよく過ごせる時間を増やすこともまた、「めんどくさい」に煩わされないコツ**といえます。そのために、自分が気持ちよく過ごせる場所をいくつか持っておこう、というわけです。

仕事をするときの環境も、「させられ脳」から「したい脳」へと変えるカギなのです。たとえば、おいしい紅茶やコーヒーが飲めて、完全禁煙で、あまり賑やかすぎず、庭や観葉植物などでちょっとした緑も目に入ってくる。私には、そういうカフェのレパートリーがいくつかあります。

家や会社以外に、自分が集中できる場所を持っておく意義は、単に「場所を変えると気分が変わる」ということだけではありません。

その場所に「行きたい」と思うことが、その場所ですべきことを「したい」に変えてくれるのです。「行きたい」という気持ちに引っ張り上げられるようにして、「させられ脳」が「したい脳」に変わる、といったらわかりやすいでしょうか。

今までの話でもわかるように、「したい」は、さまざまな障壁をも突破できるほど強烈なポジティブエネルギーです。その場所に「行きたい」と思うと、「しなくてはいけない」は「行きたいから、したい」というふうに感化されるのです。

ですから、**単に場所を変えればいいわけではなく、より自分が心地よく過ごせる場所、「行きたい」と思える場所を持っておくことがポイント**です。

ちなみに、場所を変えるとき、仕事に必要ないものはいっさい持っていかないようにしてください。

集中力を高めるには、集中すべき対象しか目に入ってこないようにすることも重要です。カフェなどに出かければ、半ば強制的に、そういう環境に自分を置けます。これも、場所を変える意義といえるでしょう。それなのに余計なものを持っていけば、みすみすその集中効果を半減させることになってしまうのです。

「めんどくさい」にハマらない「脳番地シフト」法

「めんどくさい」は、脳の疲労とも大きく関係しています。

ここでは、いかに効率的に脳を休ませることができるかを、考えてみましょう。

眠っている間、脳は全体的に休んでいます。たとえば、いくら視覚系脳番地が発達している人でも、さすがに眠っている間は視覚系脳番地を使いません。

そこで私が考えたのは、「眠っている間は脳を使わない」というのを、起きている間にもできたらいいのではないか、ということです。

といっても、本当の睡眠のように脳全体を低覚醒にするのではありません。**よく使う脳番地が疲れ果ててしまわないように、脳番地を代わる代わる使えば、代わる代**

わる休むことができ、脳全体が疲れにくくなると考えたのです。

これが、私の提唱している「脳番地シフト」です。

イルカは、右脳と左脳をつなぐ脳梁《のうりょう》があまり発達していないため、眠りながらでも泳ぐことができます。このように**覚醒時に脳の一部を休ませつつ、脳の一部を働かせようというのが、「脳番地シフト」の考え方**です。

たとえば、仕事をしているときは、思考系や理解系、伝達系といった脳番地がフル稼働しているはずです。

そこで、ちょっと気分転換をしようと思ったときに、本を読んだり、映画を見たりしたら、どうなるでしょう。理解系や思考系の脳番地が引き続き使われることになり、まったく休まりません。

これでは、気分転換の効果も半減してしまいます。

気分はリフレッシュされたつもりでも、脳は局所的に使われっぱなし。そのまま仕事に戻れば、ほとんど休んでいない脳番地をまた酷使することとなり、やがて生じる疲労が、「めんどくさい」へと簡単につながってしまうでしょう。

理解系や思考系の脳番地が発達している人は、それらが発達しているからこそ、気分転換にも、それらの脳番地を使う読書や映画観賞をしたくなるものです。でも、普段酷使している脳番地をしっかり休ませなくては、能率はどんどん下がっていってしまいます。

一方、仕事の合間や仕事帰りにジムに行くというビジネスマンの話も、よく聞きます。これなどは、思考系や理解系の脳番地から運動系脳番地へと、うまく脳番地シフトをしている例といえます。

このように、**「使っていない脳番地」に注目すると、脳のストレスをだいぶ軽減することができます。**

「発達している脳番地を使う事柄」は、すなわち「得意な事柄」ですから、ついつい選びがちです。でも、あえて別の脳番地を使うようにしたほうが、全体として、脳のパフォーマンスは上がるのです。

3章

欲張りでご褒美好きな脳のあやし方

その「めんどくさい」を有効利用しよう！

「めんどくさい」はセンサーでもある

モヤモヤした「めんどくさい」の正体を突き止め、対処するほど、「めんどくさい」は減っていく。前章では、その方法をお話ししてきました。

そうはいっても、「めんどくさい」は、たしかに存在する感覚です。存在する以上、意味があるはずだというのが、私の考えです。

問題は、「めんどくさい」と思うこと自体ではなく、「めんどくさい」をどう存在させるか。というのも、**「めんどくさい」は、じつは大事なセンサー**でもあるからです。

「めんどくさい」の正体を明らかにし、対処すると、いっさい「めんどくさい」と感じなくなるわけではありません。

対処することで、いわば「めんどくさい」の無駄打ちがなくなり、よりセンサーとしての「めんどくさい」が研ぎ澄まされる。前章でお話ししてきた「めんどくさい」解消法の一番のメリットは、じつはここにあるのです。

たとえば、一見、面白そうな企画を提示されたのに、頭のどこかで「めんどくさい」が浮かぶ。私には、こんなことがしばしば起こります。

そこで「面白そうだし、メリットもありそうなのに、どうして『めんどくさい』と思うんだろう？」と考えていくと、じつは、その企画内容に取り組むのは時期尚早だったり、ビジョンがあいまいだったりと、受けないほうがいい理由が見えてきます。

この場合、最初に「めんどくさい」と感じなければ、そしてその「めんどくさい」に私がフォーカスしなければ、危ない橋を渡る羽目になったに違いありません。

このときの**「めんどくさい」は「注意したほうがいいよ、よく考えなよ」というセンサー**が働いたということだったのです。

本を作るときも、「めんどくさい」は大いに役立ちます。

じつは、私はもともと本を読むのが苦手で、読みにくい本は投げ出したくなってしまいます。だから、本を出すときは、「私のような人が読んでもわかりやすいように」というのを最大のモットーとしています。原稿を読み直して「なんだか、めんどくさいな」と思うポイントは徹底的に直します。

逆に「めんどくさい」センサーを無視したせいで、失敗したこともあります。楽しみにしていた会合に行くのが、当日になってめんどうになったのですが、かまわず出かけたところ、足に大ケガをして、まるまる夏休みを棒に振ってしまいました。

加えて、人付き合いにおいても、「めんどくさい」はセンサーになります。「この人といると、なんだかめんどくさい」というのが、100パーセントの「めんどくさい」なのか、50パーセントの「めんどくさい」なのか。そういう目安を持っておくことで、より心地いい人間関係を築けるようになるでしょう（人間関係の「めんどくさい」については、次の章でまとめてお話しします）。

「めんどくさい」は、本来あってしかるべき感覚です。ところが「めんどくさい」を乱発すると、「めんどくさい」の感性が鈍ってしまう。つまり「めんどくさい」が玉石混淆《ぎょくせきこんこう》になっていることが、一番の問題なのです。

だから、まずは、乱発している「めんどくさい」を解消すること。それは前章で十分お話ししたので、本章では、感覚を研ぎ澄まし、「めんどくさい」を有効活用する方法をお話ししていきましょう。

お相撲さんを「お姫様抱っこ」するには、どうするか？

「めんどくさい」がない脳は、やるべきことの内容を理解し、考え、すぐに動くことができます。

こうした複数の脳番地による**「すぐ動くルート」がスッと通らない状態とは、脳が「なんか大変そうだな」と、負荷の予感を感じているということ**です。**「いっぱい働かなくちゃいけないよ、酸素をたくさん使うよ、疲れるよ」という危機を感じている**わけです。

たとえれば、これは「お姫様抱っこ」のようなものです。

小さな女の子をお姫様抱っこするのは、簡単です。「やれ」と言われれば、「はい」といってすぐに実行できるでしょう。

でも、「お相撲さんをお姫様抱っこしなさい」と言われたら、どうでしょう。すぐに「はい」とは言えません。すごく大変だということが、目に見えているからです。

脳も同じで、予想できる労力の加減によって、「めんどくさい」アラームを発動させます。

今の例なら、小さな女の子をお姫様抱っこするのは、予想できる労力がごく軽いので「めんどくさい」アラームは発動しません。でも、お相撲さんをお姫様抱っこするのは、予想できる労力がかなり重いので、「めんどくさい」アラームが鳴り響きます。

でも、仕事の上では、「やれ」と言われたことは、やらなくてはいけない場合が大半です。

「めんどくさい」を引きずったまま、無理に実行しようとすれば、きっと背中や腰を痛めてしまうでしょう。無理に持ち上げようとしたらよろめいて、自分がつぶれて、さらにお相撲さんにケガをさせてしまうかもしれません。

「めんどくさい」を引きずったまま動こうとすると、成功させるための対策が見えづらくなり、失敗のリスクが高まるのです。

でも、**すごく大変そうなことを「やれ」と言われて、「脳を使わなくてはいけない**

んだ」と切り替えることができると、もっとうまいやり方が見えてくるはずです。

一人でやらなくても、複数人で「せーの！」と持ち上げれば、できるかもしれない。力自慢のあの人とこの人に伝えて、協力してもらおう。

この依頼は、「抱っこしているように見えればいい」ということだと理解した。だったら、透明なテーブルを準備して、そこにお相撲さんに寝てもらって、抱っこしている振りをしてみよう。

ずっと抱っこしていなくてもいいのだから、腰をしっかり入れて、ほんの一瞬、ありったけの力で持ち上げてみよう。

たとえばこんなふうに、思考系や伝達系の脳番地を使って、よりよい解決策が見つかるわけです。

予想できる労力が「重い」と判断した瞬間、脳はひるみます。「めんどくさい」が生まれ、脳はフリーズ状態に陥りますが、ここで、その労力の要素を分解していけば対策が浮かんできます。

「めんどくさい」と感じた時点では、「大変そう」「できなそう」と「やる」「できる」の間に大きな欠落があります。スタートとゴールの間に「労力」という大きな谷があって、まったく橋がかかっていない状態といったらいいでしょうか。

労力の要素を分解し、足りていないところを埋めていくのは、その谷に橋をかける作業をするということです。

単に「すごく大変そう」ということ以外、正体不明の「めんどくさい」に、正体を与え、解決するために足りていないものを、一つひとつ足していくのです。

このように、「めんどくさい」は、何かが足りないというサインでもあります。そこから要素要素に分解されることで、何が足りないのかを見せ、足りないところを補うにはどうしたらいいかと、新しいアイデアまで導いてくれるのです。

「ひらめき」とは、「めんどくさい」から「新しい目的」をつくること

「ひらめき」は、突然ランダムにおりてくるものだと思っていませんか。

じつは、脳の使い方次第で、「ひらめき」を自分の力で「おろす」こともできます。

私の場合、何かアイデアが必要なときは、夜、寝る前に資料に目を通します。概要を頭に入れたらあまり考えずに床に就いてしまいます。そして翌朝、もう一度、資料を確認し、その日の予定をこなすべく出かけます。

家を早めに出て、目的地に向かう道中では、わざと寄り道をします。すると、歩いているときに、ふと求めていたアイデアが浮かんでくることが多いのです。

これは単なる偶然ではなく、脳のメカニズムから説明のつくことです。

そもそも「ひらめき」とは何でしょう。無から有を生むこと、電光石火のごとくすべてを明らかにするもの、いろいろな表現があると思いますが、私は、**「ひらめき」とは「新しく出てきた目的」**だと考えています。

「ひらめき」とは瞬間的なもので、それだけでは物事は完了しません。そこから一歩一歩、手順を踏んでいった先に、達成されるものがある。要するに**「ひらめき」とは、その達成されるもの、まだ見ぬ完成像を瞬間的に思いつくこと**なのです。

「ひらめき」をこのように定義すると、前の晩に考えたいことを入れておいて、翌朝、寄り道をしながら目的地に向かうというのは、脳からしたら、「新しい目的」を思いつく絶好の条件が揃っている状態といえます。

新しい発想は、マンネリからは生まれません。

「ひらめき」をおろしてくるには、変化をつけること。つまり、考えはじめた状況とは違う状況に自分を置くのが一番です。

だから、夜、インプットし、朝、確認をしたら、そのまま考えつづけるのではなく、動き出す。これが図らずも「ひらめき」をおろす第一歩となります。自分が動けば当然、目に見えるものも体に感じるものも変わり、たったいま述べたように、考え始めた状況とは、違う状況になるからです。

目的地に向かうというのも、「ひらめき」が生まれやすい条件です。「目的地に向かう」ことと、「新しい目的をつくる」こと。もちろん、これらの間に相互関係はいっさいありません。それでも、「目的」つながりで意識が通じ合うようにして、ある目的地に向かっていると、「ひらめき」もおりて来やすくなるのです。

では、「寄り道をする」というのは、どうでしょう。じつは、これが「ひらめき」の最高のシナリオといえます。

いつもの道なら考えなくても歩けますが、寄り道をすると、頭を使わなくてはなりません。はっきりいって、寄り道は「めんどくさい」行為です。

でも、**あえてその「めんどくさい」を買って出ると、脳はいつもとは違う刺激を受け、脳の働きも寄り道しやすくなります。これが「ひらめき」につながる**のです。無から有を生み出すというよりは、今まで開けていなかった引き出しが開くイメージです。

脳には、自分でも把握しきれていない、さまざまな可能性が詰まっています。「ひらめき」というと、天からおりてくるようなイメージが強そうですが、じつは、もともと脳にあったもの。今までひらめかなかったのは、単に、その存在に気づいていなかっただけなのです。

あなたの脳にも、本当は山ほどの「ひらめき」が眠っているはずです。いつもとは違う、処理するのが「めんどくさい」情報を送った瞬間、開いたことのなかった脳の引き出しから、思いもよらぬグッドアイデアが飛び出したとしても、何も不思議はありません。

「めんどくさい」は自分の新しい一面に出会えるチャンス

今の自分は、過去の自分の積み重ねで作られてきたものです。

そして未来の自分は、これからの自分の積み重ねで作られていくものです。

でも、過去に積み上げてきた自分は一つだけではありませんし、未来に積み重ねていく自分も、一つだけではありません。これまでも、これからも、表に現れていない自分が脳内に隠れているということです。

たとえば、今までいっさいメイクに関心のなかった人が、あるとき突然、メイクをしはじめたとしましょう。周囲には突然、豹変したように見えるかもしれませんが、違います。今までは、彼女にそうさせる環境がなかっただけで、ずっとその一面は彼女の脳内にいたのです。

誰もが、今、できることとはまったく別の能力、今、現れている人格とはまったく別の人格を、いつのまにか脳の中で培っているかもしれません。

脳の中には、いまだ現れていない能力や人格がたくさん眠っているのです。

それらが表に現れるには、きっかけが必要です。

前に、「ひらめき」をおろすには、脳にとって「処理するのがめんどくさい刺激」を与えるといいとお話ししました。

それは、自分の知らない一面と出会うことにおいても、同様です。**慣れないことをしてみると、今まで出ていなかった自分の一面が現れるもの**なのです。**慣れないことを受け入れる準備のある人は、人とのご縁を広げることもできる**、そして、**ぐんぐん自分の可能性を大きくしていける**ということです。

私が、慣れない生番組への出演に応じたり、自分では考えもしなかった本の企画を受けたりするのも、一つには、脳内に隠れている自分を見つけるためです。慣れないことを買って出ることで、いったいどんな化学反応が起こるか、どんな新しい可能性が開けるかと、自分にチャンスを与えているのです。

そう考えてみると、逆境や困難にも前向きに立ち向かえるでしょう。

逆境や困難は、自分から買って出るものではなく、向こうからやってくるものですが、そういうものですら、処理しようと試みるほど自分の可能性は広がります。

ですから、**どんな状況にあっても、自己肯定感を失わないこと、「自分にはできる」「自分は大丈夫」と思って向き合うことが大切**です。「**何とかできる」と思って行動するからこそ、人は、いつまでも成長できる**のです。

このように、**「めんどくさいこと」を生かして脳の可能性を広げるも、「めんどくさい」を避けて脳の可能性を限定してしまうも、自分次第**です。

そう考えるにつけ、私は、大脳とは、まるで「九会曼荼羅《くえまんだら》」のようだと思います。

「九会曼荼羅」とは、縦3マス×横3マスの合計9つのマスの中に仏様が描かれている曼荼羅です。真ん中のマスには大日如来が描かれており、周囲の8つのマスに描かれている仏様は、大日如来の化身といわれています。

なぜこんな話をしているかというと、大日如来の化身である8つの仏様が、人間の脳における8つの脳番地に相当する……そんな連想が働いてしまうからです。

では、8つの仏様の中心にある大日如来は、脳でいうと、どこに当たるのでしょう。

それは、おそらく「自分自身」なのだと思います。

つまり8つの脳番地を束ねる「自分」というものが脳の中心にあり、その「自分」の価値観にしたがって、脳番地は働いているのではないか。

だから、脳番地を本当に有意義に働かせるには、自分自身が強く、太く、生き生きしている必要がある。言い換えれば、「めんどくさい」を生かす選択をし、そのために各脳番地を働かせるのは、真ん中にいる自分なのではないか……。

まだ研究段階ではありますが、これが今の私の見方です。

日々、立ち現れてくる小さな困難も、すべては、未来の自分を作っていく一つの過程です。

自分の中には、すでに乗り越えるための引き出しがあり、脳の曼荼羅の真ん中にいる「自分」は、それを開けるだけでいい。そう考えると、何事にも動じず、冷静になれます。人のせいにせず、人に丸投げすることもなく、頼るべきことだけ頼れるようにもなるでしょう。

すると何事もうまくいく、というのは、私自身がつねづね実感していることなのです。

「めんどくさいこと」は、つねに自分の知られざる一面を引き出し、可能性を広げてくれるものだと考えてみてください。

ボケ防止のためには、あえて「めんどくさいこと」をやってみる

　ここまでの話で、「めんどくさいこと」が自分の可能性を広げる場合もあることがわかりました。となれば、「めんどくさいこと」が、頭の健康を保つことに役立つと聞いてもおそらく不思議ではないでしょう。

　いつまでも元気に働いてくれる脳を保つために、**50歳を過ぎたら、あえて「めんどくさいこと」をするべき**です。「めんどくさいこと」のみならず、**「めんどくさい人」とも、かつてより少し根気よく付き合ってみる**といいでしょう。

　子どものころから順調に成長してきた脳は、社会人として特定の仕事をするうちに、徐々に使う脳番地が偏ってきます。より効率よく仕事を進めるために、「その仕事向

き」の脳になっていくということです。

だから、職人が熟練の技を身につけていくように、一つの仕事に従事する期間が長くなるほど、より速く、効率的に、作業をこなせるようになっていくのです。

これは、社会人として成長するために必要なプロセスですが、反面、「その仕事向き」の脳に凝り固まってしまうというデメリットもあります。

その仕事でよく使う脳番地以外が、あまり使われずに放置されるため、脳番地のバランスが悪くなってしまうのです。

仕事に慣れるにつれて、脳は、その作業を自動的に行なえるようになります。これは省エネ車が自動運転するような超効率的な状態ですが、自動化が長く続くと、今度はパターン化が起こりはじめます。パターン化されたなかで働くほうが楽なので、今度は柔軟に働き方を変えられなくなるのです。

すると、脳の働きがマンネリ化し、新しい刺激、予期せぬ刺激に対処できなくなっていきます。当然、「めんどくさい」が一気に増えはじめます。新しい刺激、新しい情報、新しい経験に触れることがめんどうになり、新鮮な気持ちで新しいことに挑戦するというのがしにくくなるのです。

この脳番地のアンバランス状態と、特定の脳番地ばかり使い続けることで生じるマンネリこそが、脳の老化の一番の原因です。

8つの脳番地がまんべんなく働いている脳は、マンネリとは無縁であり、いつまでも若々しくいられるといっていいでしょう。

50歳といえば、仕事では大ベテランの域に達している年ごろであり、とっくに新たに習うことはないという段階です。仕事用の脳はすでに完成されていますが、それだけに、すでに脳番地のアンバランスがかなり進行しているともいえます。

だから、**50歳からは、とくに意識して、ふだん使っていない脳番地を使う**よう、おすすめしているのです。

自分の「めんどくさい」を、脳の老化防止に役立てることもできる。「めんどくさい」と思った瞬間が、脳が変わるチャンス。そう考えて、**1日1つくらいは、あえて「めんどくさいこと」にチャレンジ**してみてください。

どんなことでもかまいません。

たとえば、利き手ではないほうで鍵をかける、利き足ではないほうで踏み出すといった些細なことから、初めての料理に挑戦してみる、新しい趣味を始めてみる、といった少し大きめのチャレンジまで、できることはたくさんあるはずです。

「知ったつもり」になると、新しい知識を入れるのが「めんどくさい！」

新しい知識を得ることは、本来、楽しいことです。

ところが、年をとるにつれて、だんだん新しい知識に触れることがめんどうになってきます。年をとることは、より多くを知ることであり、より多くを知るほど、新しい知識への欲求は薄れていくからです。

そういう意味では、知的欲求は若い人の特権といえますが、じつは若い人でも知的欲求が薄れやすいタイプというのがあります。

それは、勉強のできる人です。意外かもしれませんが、勉強ができると、すぐに知ったつもりになり、かえって新しい知識に触れるのが億劫になってしまうのです。学校のテストでいつもいい点を取っていた人、難関大学に合格した人などは要注意です。「めんどくさい」のなかでも、これはもっとも厄介な「めんどくさい」といえるでしょう。年齢に関係なく、脳は新しい情報に触れたり、新しい経験を積んだりすることで成長するのに、その機会をみずから排除してしまうも同然だからです。

すでに、新しい知識に触れるのが億劫になってはいないでしょうか。

思い当たる節があれば、とくに意識してめんどうだと思うことに触れたほうがいいでしょう。でないと、脳は今の状態のまま凝り固まりマンネリ化が進みます。新しい情報や経験をシャットアウトすることが、脳の老化を早めてしまうのです。

まだまだ**脳を伸ばすには、自分では十分に知っていると思っていても、それは単に知ったつもりになっているだけ、という謙虚さが必要**だと思います。

たとえば、中学校の教科書で夏目漱石の『吾輩は猫である』を読み、さんざんこの作品に関するテスト問題を解いてきたからといって、この作品のすべてを理解したとはいえません。

試しにもう一度読み返してみたら、おそらく「これは知らなかったな」と思う部分がたくさん見つかるでしょう。

歴史の授業で、徳川家康についてひととおり習ったといっても、その知識量は、歴史学者の足元にも及びません。知ったつもりになっていても、本当は知らないことだらけなのです。

かつて読んだ小説を読み直してみる。かつて習った内容を深めてみる。ここで**新しい発見に興奮することができたら、まだまだ脳が若い証拠**です。

先ほどもお話ししたように、実際の年齢は関係ありません。**新しい知識や経験に触れたときに、どう感じるか。新鮮な喜びを感じるか、「めんどくさい」と感じるかが、脳の若さを測るバロメーター**です。

たとえ20代や30代でも、知的好奇心が薄れてしまっているのなら、脳の成長を自分で妨げてしまっているといえるのです。

現代人は「言葉」に頼りすぎている

前に、使いすぎている脳番地を休め、使っていない脳番地を使うことで、脳の働きのバランスがとれるといいました。

どの脳番地を休め、どの脳番地を使ったらいいかは個々人で違いますが、じつは現代人に共通している部分もあります。

私たち人間には、「言葉」というコミュニケーションツールがあります。それこそが、人間を高度な知的動物たらしめているわけですが、反面、人間は言葉に頼るあまり、言葉以外の情報の出し入れをしなくなっている、という難点があります。

とくに現代は、言語的な情報が身の回りにあふれています。

ラジオ、テレビ、インターネット。なかには映像を含むものもありますが、これらから受け取る情報は、やはり言語情報がかなりの割合を占めています。別のことをしながら、テレビから流れてくる言葉を聞く人はいても、テレビの音声を消して映像だけを見る人はいないでしょう。

現代人はとくに、良くも悪くも「言葉頼み」なのです。

スマートフォンの普及を憂い、最近では「スマホ脳」などと騒がれていますが、厳密にいえば、ゲームやスマホ自体が害悪なのではありません。

ゲームをしたりスマホを使ったりする時間が長くなることで、ほかのことをする時間が奪われることが問題なのです。

したがって、何が絶対悪かという議論は意味がありません。**脳のバランスをどう取るか、ということを一番に考えたほうがいい**でしょう。**スマホが脳に悪いのではなく、スマホが現代人の「言葉頼み」を増幅させていることが、脳に悪い**ということです。

少し話がずれてしまいましたが、要するに感覚ではなく、言葉ですべてを捉えようとしていることが、まさに現代人の脳の偏りを示しています。言い換えれば、現代人は左脳ばかり使っているために右脳がお留守になりがちなのです。

一般的には「左脳は言語脳、右脳は感覚脳」などといわれていますが、これは、やや乱暴な分け方といわねばなりません。

脳番地の考え方でいうと、すべての脳番地が左右の脳にまたがっています。たとえば、思考系脳番地や伝達系脳番地は「言語的＝左脳的」と思われがちですが、どちらにも、右脳側と左脳側の両方があります。

そのなかで現代人は、それぞれの脳番地の左脳側を酷使する一方、右脳側はあまり使っていない、そういう傾向が見られるということです。

というわけで、**脳のバランスを整えるには、いつも不覚にも休まされている右脳側を使う時間を増やしたほうがいい**でしょう。これは、個々の脳の個性を超えて、現代人全般に普遍的にいえることなのです。

右脳を強化する趣味・日常習慣をつけよう

脳番地の左脳側ばかり使いがちな現代人は、右脳側をもっと使ったほうがいい。

では、どうやったら右脳を強化することができるでしょうか。それには、より**脳番地の右側を使う日常習慣や趣味を持つといい**と思います。

日常習慣としておすすめしたいのは、「天気予報を見ないこと」です。

人はかつて、空を見、空気を感じて天気を予想していました。個々が自分自身の肌感覚で判断していたはずです。

それが、衛星で雲の流れなどを見られるようになったことで、専門家が天気を予報するようになり、ニュースなどで流すようになりました。本来は、きわめて感覚的な情報である気象を「言葉」に置き換えはじめたのです。

そして今では、テレビやネットで天気予報をチェックしてから出かけるのが当たり前になっています。「今日は雨が降るのかな」といいながら、空の雲を見たり、空気の湿気を感じとったりするのではなく、まず言語情報を得ようとしているのです。

窓を開ければ、そこには間接的な言葉ではない、肌で直接感じられる気候が広がっているというのに、そこに感覚を向けようとしないというのは、考えてみればおかしなことではないでしょうか。

それだけ、人は言語情報に頼っており、頼るあまり溺れてしまっているも同然ということなのでしょう。

自然と接することは、もっとも右脳を使う行為です。**つまり、自然と分断されることが、もっとも右脳を衰えさせ、ひいては脳全体を衰えさせるといっても過言ではありません。**

とはいえ、いきなり自然と触れ合える登山を趣味にしよう、マリンスポーツを始めよう、というのは、なかなか難しいでしょう。それに、たまにドカンと触れるより、毎日の小さな習慣のほうが効果的です。

ですから、手始めに天気予報を見ずに、自分で気候を感じて判断する習慣を取り入れてみてください。天気予報が外れると腹が立ちますが、自分で判断したことなら、外れても大して腹も立ちません。

言語を介さない趣味として、私がよくおすすめするのは「盆栽」です。

盆栽は、イメージした完成像に向かって植木の剪定をしていくものですが、その間、言語的な情報の出し入れは、ほぼ皆無です。ひたすら頭の中で完成像を思い描き、手を動かす。生きた樹木に触れることで、自然を感じる。一人でするものですから、当然、人と会話することもありません。

こうしてみると、なんとも地味で孤独な作業の繰り返し……ですが、言語を介さない世界に没頭することが、右脳を働かせ、強化するのです。

趣味といっても、盆栽は、ほぼ毎日、家でするものですから、コツコツ自然と触れ合う日常習慣にも通ずるものがあります。

天気予報には頼らず、自分で天気を感じ取る。毎日、自然を感じられるような趣味を持つ。

自然界は言葉を発しない代わりに、非言語的な情報で満ち溢れています。そんな自然との言葉を介さない結びつきを、日々、取り戻し、右脳を強化していきましょう。

脳の左右バランスを整える簡単脳トレ法

すでに述べたように、あえて自分が「めんどくさい」と思うことをしてみると、ふだん使っていない脳番地が働きだし、脳のバランスが整っていきます。

このように、8つの脳番地をバランスよく働かせる機会は日常のなかにある、というのが私の考え方ですが、機械的な脳トレを否定しているわけではありません。

あくまでも日常習慣のなかで脳番地をまんべんなく鍛えるという前提のうえでなら、テレビを見ながら、あるいは**ちょっとした空き時間に、ちょっとした脳トレをするのもいい**でしょう。**ほんの束の間でも、無為に過ごしていた時間を、脳を強化する時間に変えることができます。**

脳トレにもいろいろありますが、ここで紹介するのは、指を使った脳トレです。自分の手以外、何も必要ありませんので、いつでもできます。やり方も、とてもシンプルです。

まず、両手を軽く握ります。そのままの状態から、左手の親指と右手の小指を同時に伸ばします。次に、左手の小指と右手の親指を同時に伸ばします。これを繰り返します。

これは、右手と左手の動きを連携させるトレーニングです。体はもちろん脳とつながっていますから、左手と右手を連携させようとすることが、右脳と左脳の連携を高めるトレーニングになるのです。

読めば簡単に思えるかもしれませんが、やってみると、意外と難しいことに気づくでしょう。あるテレビ番組で紹介したのですが、出演者のみなさんも「あれ？　親指を伸ばしたいのに、小指が伸びちゃう！」などと大騒ぎでした。

左右の脳の連携を高めるという意味では、「片足立ち」も効果的です。

目をつむった状態で、何秒間、片足立ちができるでしょうか。

片足立ちを続けるには、左右のバランスを保たなくてはいけません。つまり、先ほどの左右の手のトレーニングと同様、ゆらゆらと体のバランスをとろうとすることで、左右の脳バランスをとるトレーニングになります。

どちらのトレーニングも、やりにくいとしたら、脳がまったくその動きに慣れていないということですから、やるほど脳が鍛えられます。こんな**ちょっとした「めんどうな動き」でも、左右の脳をまんべんなく働かせ、脳のマンネリ化を防ぐことができます。**

脳が育つには「情報」が必要

脳が成長する原理は、植物が成長する原理と似ています。

植物が育つには、水と酸素と栄養、そして日光が必要です。脳にも水と酸素と栄養が必要ですが、それだけでは脳は育ちません。

脳の成長において「日光」に相当するもの、それは「情報」や「経験」です。これらの刺激が、脳にとっては、植物の光合成を起こす日光のような役割を果たすということです。

情報や経験は、真新しいものであるほど、脳の成長を促す刺激となります。新しい情報を素直に受け入れ、自分なりに咀嚼《そしゃく》して理解しようとする人、物怖じせずに新しい経験を積む意欲のある人は、脳が健やかに伸びているということです。

慣れた情報、慣れた経験のなかにいるのはラクではありますが、そのぶん、脳は固定化、マンネリ化してしまいます。いっぽう、**新しい情報を理解する、新しい経験を積むという、ある種「めんどくさい」ことが、脳を育ててくれます。**

慣れた世界に甘んじ、新しい世界に触れようともしないのは、脳の成長を自分で妨げているも同然なのです。

これは、自分の脳の成長だけに限らず、周囲の人との関係にも支障をきたしかねない、大問題です。

人は、自分の脳番地の発達具合と人の脳番地の発達具合は異なるということに、なかなか想像が及びません。そこで、ボタンのかけ違いが起こります。

たとえば、言葉で伝えるのが得意な人は、人にも言葉で的確に伝えることを求めます。それができない人を見ると、「なんて説明が下手なんだろう」「どうして、もっとわかりやすく伝えられないんだろう」「語彙が少なくて、バカっぽい」などとイライラしてしまいます。

伝達系脳番地のうち、左側が発達しているタイプにありがちなことです。

でも、その発し手は、言葉こそ乏しくても、表情で多くを語っていたのかもしれません。受け手が「わかりにくい」と思ったのは、発し手の伝達が下手だったからではなく、受け手の発達していない脳番地に向けて伝達していたから、という可能性もあるということです。

このように、発達している脳番地の違いによって、大きなコミュニケーション上の齟《そ》齬《ご》が起こる場合もあります。

自分と相手とでは、使っている脳番地が違うのかもしれない。

自分が発達していない脳番地に情報が送られてきても、即座に拒否せず、なるべく理解するように努めよう。

このように考える心の余裕を持っておくことも、自分にとっては「めんどくさい」情報や経験と、もっとポジティブに向き合うカギとなります。

新しい情報や経験が入ると、脳のなかではどんどん新しい回路が形成されます。回路が増えるというのは、私がよくいう「脳の枝ぶり」が増えるということです。

まさに先ほど述べた植物の光合成のたとえどおり、**脳は、情報や経験という刺激によって枝葉を伸ばし、豊かに生い茂っていく**のです。

「ハキハキあいさつできる脳」は、「何事もめんどくさがらない脳」

慣れた世界に甘んじるのと同様に、余計な労力を割かないというのも、「めんどくさい」を有効活用せずに、みすみす脳を衰えさせることになります。

効率を考えることは大切ですが、効率重視が行き過ぎて「やらなくていいことは、いっさいやらない」となると問題です。かえって脳が働く機会を減らすことになるからです。

たとえば、あいさつです。あいさつは、人付き合いを円滑にしてくれますが、絶対に必要なものかというと、そうでもありません。仮にあいさつをしなくても、ほかの会話ができれば生活も仕事もストップはしないでしょう。

あいさつは、別に「しなくてもいいもの」。でも、その「しなくてもいいもの」を、あえてすることもまた、脳を伸ばしてくれるのです。

毎日、**ハキハキあいさつできる脳は、何事もめんどくさがらない脳であり、まだまだ伸びしろのある脳といえる**でしょう。

一時が万事で、**「しなくてもいいこと」をする人ほど、多くの課題をこなしている**ことになります。つまり、よりたくさん脳を使っているということですから、脳が伸びるのです。

「しなくていいこと」をするのは、誰にとってもめんどうなものです。そういう意味では、**「しなくていいこと」をするのも、「めんどくさい」の有効利用法の一つ**といえるでしょう。

脳にとって最大のご褒美は「早く終わった！」という達成感

「自分へのご褒美」というと、欲しかったものを買う、おいしいものを食べに行く、といったことが浮かぶかもしれません。

実際、「これが終わったら、これをしよう」と自分を鼓舞するという人も多いことでしょう。まさに、「馬の鼻先にニンジンをぶら下げる」という戦略です。

もちろん、自分が快感や喜びを感じること＝脳が快感や喜びを感じることです。したがって、「自分へのご褒美として、ずっと欲しかったものを買おう」「自分へのご褒美として、今日はちょっといい店で食事をしよう」というのも、脳へのご褒美といえなくもありません。

ただ、じつは、それが一番のご褒美かというと、そうとは限らないのです。**脳にとって一番のご褒美は、何といっても、前にも挙げた達成感**です。しかも、**「期日よりも早く終わった！」という達成感が、脳には最高のご褒美**になります。

期日ギリギリで物事を進めることは、脳にそうとうなストレスを与えます。

なかには期日をまったく気にしない図太い神経の持ち主もいますが、これは「めんどくさい」以前の問題でしょう。また、「お尻に火がつくとがんばれる」というのも、急ぐことで仕事の質が下がるリスクがあると考えれば、あまり望ましくありません。

上司に言われた仕事を、期日前に提出した。企画会議の資料を、かなり余裕をもって仕上げられた。取引先から提示された課題に、瞬時に返答できた。こういう快感は、クセになります。

クセになるということは、脳が、同じ快感を再現するように働くということです。**一度でも「早く終わった！」という快感を覚えた脳は、同じ快感をまた得たい一心で、「めんどくさい」とは思わなくなる**のです。

前章で紹介した、**手順を考え、見える化するのも、集中するために場所を変えるのも、すべては、「早く終わった！」という快感を脳に与えるため**といってもいいかもしれません。

「早く終わった！」快感を得ようとすることで「めんどくさい」が解消できるうえ、「仕事が早い人」という評価にもつながります。早く終えれば、当然、余暇も生まれやすくなります。この快感を脳に与えることには、一石二鳥以上の効果があるのです。

4章

「めんどくさい人」と「めんどくさくない人」の違いとは？

人間関係の「めんどくさい」解消法

人はもともと理解し合えない

会社の人間関係がめんどくさい。

親子関係がめんどくさい。

異性とデートするのがめんどくさい。

人付き合いにも、さまざまな「めんどくさい」が潜んでいます。そうはいっても、誰も一人では生きていけませんから、なるべく「めんどくさい」に煩わされず、気持ちいい人間関係を築いていきたいものです。

本章では、いかに人間関係の「めんどくさい」が生まれるか、どうしたらもっとうまく人付き合いができるか、お話ししていきましょう。

まずお話ししたいのは、人間関係の「めんどくさい」は、往々にして、ある思い込み、あるいは願望から生まれることです。

それは、「人は理解し合える」という誤解です。

人の脳は一つとして同じものはありません。多くの人の脳画像を見れば見るほど、煎じ詰めれば人間同士には「違い」しか残らないのではないか、とまで思ってしまうほどです。

幸いにして、今はＭＲＩで脳画像を撮影し、脳の働きを観察することができます。

不思議と、相手の脳画像を見て、長所や短所を知ると、今までの怒りやわだかまりがなくなってしまった、というケースも珍しくありません。長所や短所が自分にもあるので、互いの脳を受け入れ合うと、とたんに相手に対する「めんどくさい」が解消されるのです。

ただそれでも、他人の脳の働きを体験することはできません。つまり、自分の脳とは違う脳の働きを、配慮をもって想像することはできても、完全に理解し、把握することは不可能なのです。

どの人間関係においても、この前提に立つことが大切です。

非常にネガティブな見方と思われるかもしれませんが、問題は、人は理解し合うことはできないという前提で、どう関係を築くか、ということです。

理解してもらえると思っていたら、相手に理解されないことに怒りを感じますが、理解し合えないと思えば、そんな怒りは生じません。それに、もっとみずから自分の気持ちや置かれた状況を説明しようとするはずです。

自分もまた、簡単に相手のことをわかったつもりにならず、相手のものの見方や考え方をもっと丁寧に知ろうとするでしょう。

そうすれば、人間関係の風通しは格段によくなり、互いにもっと気持ちよく付き合えるようになっていくはずです。

理解し合えないというのが事実である以上、その事実を受け止めたうえで、対策を練るのが、もっとも賢い道です。つまり、**これは後ろ向きの諦めのように見えて、じつは人間関係をよりポジティブな方向へと持っていく出発点**なのです。

では、この出発点から、まず何を始めたらいいでしょう。

今も少し触れたように、**自分の気持ちや状況を丁寧に伝える努力をすること**です。

これは、会社の人間関係でも、家族でも、恋人同士でも、非常に「効き目」のある方法です。**相手が自分のことをわかってくれない、大事なことが伝わっていない、というのは、多くの場合、そもそも自分が伝えていないことが原因**だからです。

今までより、少しだけ丁寧に、言葉を尽くして説明するようにすれば、それだけでも、だいぶ人間関係のフラストレーションは解消してしまうでしょう。

となれば、伝達系脳番地を発達させねばなりませんが、これはＯＪＴ（オンザジョブトレーニング）、つまり現場で鍛えるのが一番効果的です。

最初はめんどうでも、**丁寧に伝えようとしつづけることで自然と伝達系脳番地は発達し、もっとうまく伝えられるようになっていく**でしょう。

このように、**自分を伝える努力はしながら、100パーセントわかってもらうことは期待しない。自分も100パーセントわかった気にならない。そんな適度な距離を置いて付き合うことが、心地よい人間関係を築くベース**となります。

中国古典の『荘子』に、「君子の交わりは淡きこと水の如し」という言葉があります。よくできた人ほど、水のようにあっさりした付き合いをする。適度な距離をもって付き合うから、良好な関係を保てる、といった意味です。これは、じつはもっと長い文章の冒頭部分であり、あとには「小人の交わりは甘きこと醴《れい》の如し」と続きます。「醴」は甘酒のことですから、よくできた人の交わりは水のようにあっさりしている一方、めんどうな人ほど、やたらベタベタと付き合うものだ、という意味になります。

賢人・荘子は、脳科学を知るまでもなく、人間関係のもっとも重要なポイントを、早々に看破《かんぱ》していたわけです。

「目的」を共にする人間関係は、めんどくさくない

人間関係の結びつきを、もっとも強くするものは何でしょう。

愛情、友情、信頼感、尊敬の念。いろいろと挙がると思いますが、ひとくくりに「情」と呼ばれるものは、どれも捉えどころがなく、脆《もろ》いものです。

こんなことをいうと、「加藤俊徳という人は、ずいぶん寂しい人だな」なんて思われる懸念もありますが、脳科学者としても、人間の情ほど脆いものはない、と指摘しておかねばなりません。

人の脳は変化します。脳が変化するということは、価値観も変わるということです。

言い換えれば、今、誰かに対して抱いている愛情も友情も、あるいは信頼も尊敬の念

も、脳が変われば消え失せてしまうかもしれない、ということです。これはお互い様であり、信じている相手の愛情や友情、信頼や尊敬の念だって、いつなんどき、相手の脳が変わることで消えてしまうかわかりません。

そうはいっても、いっさいの「情」を排除して人と付き合うなんて不可能ですし、そうしたほうがいいといっているわけでもありません。

でも、「情」という、やわやわで壊れやすいものを最大の拠りどころにすると、人間関係は、何かとめんどうなことに発展しやすいのです。なぜ「情」がからむとめんどうなのかは、またのちほど説明します。まずは、このことを、しっかりわきまえておいてください。

では、もっと確実なものは何か、**何がもっとも人間の結びつきを強めるのか、というと、それは「共通の目的」**です。**「お互いにとって大切な事実を作り続けること」**といってもいいでしょう。

これは仕事で考えると一番わかりやすいと思います。一つのプロジェクトを一緒に成し遂げるという共通の目的があれば、情を介さずとも心から協力し合えます。万が一、情が湧かない相手でも、共通の目的があれば付き合えるはずです。

私は、女子シンクロナイズドスイミングの井村雅代監督と親しくさせていただいているのですが、井村監督と選手たちの関係などは、まさに「共通の目的」に向かっているものといえます。

井村監督といえば、厳しい指導で知られています。それでも選手がついてくるのは、「金メダルをとる」という目的を共有しているからでしょう。選手たちも「井村監督は、自分たちに金メダルをとらせるために、理想像と現状のギャップを埋めようとして言っているんだ」と、わかっているのです。

これほど強固な結びつき方がほかにあるかと、井村監督と選手たちを見ていると、いつも思います。

このように、**目的を共有している相手とは、めんどうなことになりにくい**のです。相手と何かが食い違っていると感じたときも、目的意識が役に立ちます。信頼関係を疑えば一瞬ですべてが水泡に帰す危険すらありますが、もう一度、目的をすりあわせれば、より建設的に善後策を考えられます。目的が食い違っていると思ったら、冷静に距離を置くこともできるでしょう。

言い換えれば、目的を見失ったときに、人間関係はもっともめんどうになるのです。だから、**つねに目的を意識し、必要に応じてすり合わせることで、人間関係の煩わしさの大半を避けることができる**。そういっても過言ではありません。

もちろん、目的は、達成されればなくなります。それでも、また新たな目的ができれば、以前と同じように、同じ相手と協力して進むことができるでしょう。

たとえ一時的には疎遠になっていても、共通の目的ができれば、すぐに関係は元どおりです。「情」は、そうはいきません。

目的と違い、一度失うと、取り戻すのはほぼ不可能なのが、「情」の厄介なところなのです。「共通の目的」が人間同士をもっとも強く結びつけるものだと、私がいう理由がここにあります。師弟が切磋《せっさ》琢磨《たくま》して向かう先は、「共通の目的」を達成するための創造的な未来なのだと思います。

愛情や友情をサポートする「共通の目的」とは？

仕事や師弟の関係上、「共通の目的」を持つことがいかに有効かは、前項でわかりました。

では、友人や家族、恋人との関係ではどうでしょう。

そこで「共通の目的」といわれても何も思いつかない。やはり友人や家族、恋人との結びつきは、何より「情」なのでは？　などと考えた方も多いに違いありません。

でも、こうした関係性においても、やはり「共通の目的」がもっとも結びつきを強めてくれると私は考えています。

友人や家族、恋人との関係で「共通の目的」となるのは、同じときを過ごし、同じ経験を積み、同じ記憶を脳に蓄積していくことです。

そうしたいと願う発端は、友情や家族愛、異性への愛情でしょう。でも、そのまま情だけを拠りどころに突っ走れば、いつ関係が危うくなるかわかりません。

「情」の隣に、「私たちは、同じときを過ごし、同じ経験を積み、同じ記憶を共有していくという目的があるんだ」という意識が少しでもあれば、多少、情が揺れることがあっても冷静になれるでしょう。

今の話でもわかるように、**「情は壊れやすい」という前提に立つことは、決してネガティブな諦めではありません。**

「人は理解し合えない」と同様、これは、人間関係をできるだけ心地よく、しかも長続きさせるのに役立つ、ポジティブな考え方なのです。

私の知人にも、愛情よりも「共通の目的」による結びつきを第一にしている夫婦がいます。

結婚指輪に単語を刻印する人も多いと思いますが、彼らが結婚指輪に刻んだのは、Love（愛）でもEternity（永遠）でもなく、「Creation（創造）」だそうです。

何かを共に創っていくために、同じときを過ごし、同じ経験を積み、同じ記憶を蓄積していく間柄のようです。この共通の目的意識が、何も熱烈な愛情を感じずとも、これまでずっと家族を維持してきたカギなのだろうと思います。私は医療の仕事柄、指輪をつけることがないのですが、「創造」が指輪に刻まれていなくとも、知人の心得をお会いするたびに思い出します。

確かに、「共通の目的」があると思えれば、脳の違いすら気にならなくなります。

100パーセント理解しあうことはできなくても、同じときを過ごすことはできるからです。言い換えれば、互いの脳を受け入れ合い、通じ合えるところだけで付き合えるようになるということです。

通じ合える部分は、ひょっとしたら一本の糸のように細く、頼りないものかもしれません。でも、だからこそ、そこを大事にして結びつくことができるのです。感情が乱れることも少なく、ラクに、気持ちよく関係を築いていくことができます。

また、もし、相手とすれ違っていると感じることがあっても、「共通の目的」を意識すれば、無用に心を乱されずに済むでしょう。

捉えどころのない「情」を、いくら相手から読み取ろうとしても、あくまで他人である相手の心の中は見えません。

そこで「目的はどうか」と考えてみると、また視点が変わるはずです。

相手は、同じときを過ごし、同じ経験を積み、同じ記憶を蓄積しようとしているか、つまり、相手の心ではなく、「行動」を見るようになるのです。ひょっとしたら、相手と自分は、すでに「共通の目的」を持てなくなっているのかもしれません。

心と違い、行動は表にはっきり現れるものです。むしろ、心のすれ違いが行動を変えていくのです。

だからこそ、「相手の愛がなくなったのではないか」と勘ぐるより、行動を見て「共通の目的が持てなくなっているのではないか」と考えてみたほうが、よほど確実な判断基準になるというわけです。**すれ違いが生じたと思ったら、お互いの「共通の目的」を再確認することが、身近な人との「めんどくさい」を解消してくれる**はずです。

人との関係は変化するもの、成長していくもの

「共通の目的」があると、人の結びつきが強くなるという話をしました。

仕事なら一つの理念の達成やプロジェクトの成功などが共通の目的であり、友人や家族、恋人だと「同じときを過ごし、同じ経験を積み、同じ記憶を蓄積していくこと」が共通の目的となります。

このように**目的を共有するなかでも、そこで得た結びつき自体は、ときが経つにつれて変化していくもの**です。とくに、家族や友人、恋人はそうです。**むしろ変化するという前提で、結びつきを成長させていくことが、せっかく身近にいる人を、突然「めんどくさい」と切り捨てずに済む方法**といえるでしょう。

これは夫婦を思い浮かべると、わかりやすいと思います。

恋人から夫婦になりたてのころは、周囲が恥ずかしくなるくらいラブラブな二人でも、3年、5年、10年と夫婦生活を積み重ねるうちに、新婚当初のようなラブラブは薄れていきます。

「新婚のころの夫は、どんなに疲れて帰ってきても、私の取り止めのない話を何時間でも聞いてくれたのに、今は『疲れてるから』と打ち切られる」

「新婚のころの夫は、絶対に記念日を忘れなかったのに、ここ数年は、毎年、私が言うまで気づかない」

たとえばこんな変化を、愛そのものが失われたと取るか、ラブラブな関係が変化するとき、もっといえば関係が成長するときと取るかで、二人の行く末は大きく変わるでしょう。

愛が薄れたと取れば、遅かれ早かれ別居や離婚の憂き目を見る羽目になります。

一方、新婚のころのラブラブ1をラブラブ2、ラブラブ3へと成長させていけば、末長く仲良く過ごし、最期のときまで一緒にいることができるでしょう。

どう成長させるかは、個々で異なりますが、たとえば「四六時中、一緒にいないと不安」という結びつきが、「四六時中、一緒にいなくても安心できる」という結びつきに成長するといったイメージです。

形は違えど、どちらもラブラブには違いありません。いつまでも変わらぬラブラブに固執するのではなく、前者から後者へと関係が熟成されていく過程を、ともに積み重ねることができる。そういう関係性こそが、長く続く幸せな人間関係といえるのです。

友人や親子でも、まったく同じことがいえます。

親子関係なら、子どもが成長し、親が老いていく過程で、少しずつ関係性は変わって当たり前です。一言でいえば、ケアする側とケアされる側が、あるポイントで逆転するのです。

それなのに、たとえば子どもが、いつまでも親の庇護を求めたり、逆に親が、いつまでも子どもを保護しつづけようとすれば、親子関係は徐々に歪んでいってしまうでしょう。

新潟にいる私の母も、かつてはほとんど、私に帰ってきてほしそうな素振りを見せませんでした。盆暮れなどに帰省の連絡をすると、「忙しいだろうから、帰ってこなくてもいいよ」と即座に答えたものです。

それが、75歳を超えたあたりだったか、即座にそういう返事をしなくなりました。おそらく、はっきりとは言わないまでも、以前より、帰ってきてほしい気持ちが強くなっているのだと思います。

こんな話は、珍しくも何ともないでしょう。血の繋がった親子関係ですら、関係性が変わる時期があるのですから、他人である友人や恋人、夫婦なら、なおのことです。

どんな関係性も、移り変わっていくもの。それを前提として、変化をめんどうに思うことなく、結びつきを成長させていくものだと思えば、関係は、長く良好なものでありつづけるでしょう。

実際に私自身、15歳で実家を出て、高校に通いはじめて以来、両親と日々、寝食を共にできていません。50歳を過ぎて、今、「一日でも多く、両親と過ごしたい、両親の声を聞きたい」と思います。

人付き合いの「めんどくさい」の向こうには、必ず発見がある

新しい経験をするたび、脳は伸びるようになっています。

ところが、新しい経験は脳には負担になるため、本来、めんどくさがりの脳は、新しい経験を拒否しがちです。いわば「経験の食わず嫌い」をしているのです。

何に対しても「よし、やってみるか」と思える人は、脳をどんどん伸ばすことができます。でも、自分で自分を、あえて「めんどくさい」方向に持っていくことに、疲れてしまうこともあるかもしれません。

そこで、人間関係を通じて新しい経験をし、脳を成長させる方法も、ぜひ紹介しておきたいと思います。

といっても単純な話です。その日、一緒に過ごす人に、どこで何をするかを決めてもらうのです。決めてもらったら、文句を言わずに従うことが重要です。

たとえば、今までスポーツなんてまったく興味のなかった女性が、付き合い始めた男性に連れられてサッカー観戦に行ったら、ものすごく楽しめた。

こんなふうに、人の趣味に付き合うことで、自分の世界が広がるというのは、よくあることです。

自分の世界が広がるというのは、まさに脳がまた一つ成長するということです。

つまり、**人の趣味に素直に付き合う人は、「経験の食わず嫌い」をしないことで、脳が育つチャンスを、より多くモノにできる**といっていいでしょう。

傾向として、女性と男性とでは、女性のほうが、相手の趣味に付き合うことへの抵抗が薄いように思います。どちらかというと女性のほうが、脳が柔軟で、新しい経験への順応性も高いのかもしれません。

男性も、奥さんが買い物をしている間、別の場所で暇つぶしをするのではなく、奥さんの行きたい店に同行する、自分が観たい映画に連れて行くのではなく、彼女の観たい映画に連れて行ってもらう、といったことを、もっとしたほうがいいと思います。

なかには、女性をエスコートすることが男性の役割だと思っている人も、いるかもしれません。でも、それでは、今まで積み上げてきた自分の選択肢からしか、行動を選べません。つまり新しい経験を選ぶことができないので、脳がマンネリ化する恐れがあるのです。

せっかくの休みの日くらい、自分の好きなことをしたい。それも正直な気持ちだとは思いますが、ときには、一緒に過ごす人の趣味にも「めんどくさい」と言わず、合わせてみてください。

過ごし方を相手に決めてもらうというのは、いってみれば、他人の脳のなかにある選択肢を経験させてもらう、ということです。

また、それは、相手の好みや趣味に対する理解を深め、相手の脳を受け入れるということでもあります。相手と自分の違いを受け入れたうえで、「同じときを過ごす」という目的を果たすことができるのです。

そうしてみた結果でさえ、新しい発見はあっても、通じ合えるポイントがいっさい見つからず、「同じときを過ごす」という目的を共有できなくなる、という可能性は、もちろんあります。

でも、結果がどうなるにせよ、**「めんどくさい」の一言で相手を拒否するのではなく、まずは相手をより深く知ろうとすることが大切**です。

そうして、共通の目的を持ち続けられるかどうかを考えるところに、人間的成長の余地があるといえるからです。

人付き合いの「めんどくさい」の先には、必ず新しい発見がある。人は一人では生きていけない以上、他人の脳にある選択肢をも楽しめる自分でありたいと、私自身、つねに思っているのです。

「あなたのため」には要注意！

人は、だいたいにおいて自分のために行動するものです。

これは、ごく自然で当然の脳の働きですから、何も恥じることはありません。むしろ、そういう本能を認めたうえで、プラスアルファとして、いかに人のために行動するかを考えるべきだと思います。

ところが、世の中には、どうしても「自分のために動いていること」を認めたくない人たちがいます。自分の行動は、すべて人のため。人間である以上、そんなはずはないのですが、二言めには「あなたのため」と押し付けてくる人たちです。

脳の自然な働きを否定しているも同然なので、そういう人を見ると、私は「要注意だな」と思います。

誰のことも悪く思いたくはありませんが、実際、「あなたのため」を繰り返す人と無防備に付き合うと、めんどうなことになるリスクが高いと心得ておいたほうがいいでしょう。

考えてみれば「あなたのため」は、ずいぶんと重い押し付けです。善意で人を縛るというのは、もしかしたら、悪意を持って接するよりもタチが悪いといってもいいかもしれません。実際は、「あなたのために私が考えたこと」なのです。

根っこでは自分のためであるはずなのに、口では「あなたのため」と言っている。

こういう「私が考えたこと」が抜けているねじれは、至るところに溢れてくるもので、さまざまな言行不一致が見られるものです。

「あなたのため」と言う人ほど、「言っていること」と「やっていること」が違うことが多いのです。それが見えると、私はものすごく違和感を抱きます。

これで、だんだん話が見えてきたのではないでしょうか。

「あなたのため」という人ほど、言行不一致が見られます。

そして言行不一致の人は、一言でいえば信頼できません。だから「あなたのため」には要注意、というわけです。

前に、人間関係は「共通の目的」を持つことがもっとも大事だといいましたが、言行不一致の人とは、それも望めないでしょう。言葉と行動に一貫性がなくては、いったい相手がどういう目的を持っているのか、自分と共通の目的を持てそうか、ほとんど見えてこないからです。

つまり、言行不一致の人が相手では、共通の目的に向かうという、もっとも健全な関係を築く糸口すら見つからないというわけです。

天然なのか、それとも計算ずくなのか、「あなたのため」と言って押し付けてくる人は、腹の内が見えづらい。だから、つねに余計な気を遣わされる。どうしても「めんどくさい」人間関係になってしまうのです。

最近、「あなたのため」と言って近づいてきた人はいませんか？　本当にいい人である可能性もゼロではありませんが、本当の目的は別のところにある場合が多いと見たほうがいいでしょう。

そういうときは、私もよくやるのですが、言行不一致がないかどうか、注意深く時間を遡って、相手の言葉と行動を観察してみたらいいと思います。

結果、言行不一致がわかり、やはり信頼できないとなったら、やんわりと距離を置くことです。これは、関係を保留するという意味です。急に拒絶すると波風が立ち、輪をかけてめんどくさい関係になりかねません。

と同時に、これは自分自身が「めんどくさい人」にならないための、戒めにもなります。

「めんどくさくない人」は、たいてい言行が一致しています。

つねに自分の目的がはっきりしていますが、決して押し付けはしません。当然ながら「あなたのため」などというベールをかぶる必要もありません。要するに正直そのもの、裏表がないのです。

そういう「めんどくさくない人」ほど、信頼や好感を抱かれます、人を寄せ付け、人を巻き込み、結果、望んだとおりに物事を成し遂げてしまうものなのです。

このように「めんどくさい人」「めんどくさくない人」の区別がついていると、自分が人を見極める際にも、自分が好かれる人間を目指す際にも役立ちます。

言行が一致した気持ちのいい人間と付き合い、またみずからも、そういう気持ちのいい人間になることで、気持ちのいい人間関係、成果を生む人間関係を築いていけたらいいと思います。

嘘をつくにも必ず理由がある

人から嘘をつかれると、たいていは傷つきます。

そして、もう相手を信用しなくなってしまうでしょう。

それですっぱり割り切ることができればいいのですが、嘘をつかれた怒り、信用を裏切られた悲しみは、いつまでもジクジクと心を苦しめます。もう一歩、脳を働かせ、感情を介さずに考えられたら、もっと傷は浅くて済むはずです。

人は、理由もなく嘘をついたりしません。**嘘をつかれたことはショックかもしれませんが、嘘をついた背景にまで思考を巡らせてみるといい**でしょう。

そもそも「人を信用する」という前提自体、どうなのでしょう。誤解を恐れずにいえば、**「人を信用する」ということには、相手に「こうあってほしい」**、**または「全てにおいていい人であるはずだ」という自分の欲が、多少なりとも入っている**のではないでしょうか。

禅問答のようになってしまいますが、自分が「信用できる人物」として見ている人物は、自分のなかの「信用できる人物像」に合わせてイメージが修正されている部分も、そうとうあるはずです。

その人のすべてを知って「信用できる」と判断したわけではなく、その人の信用できる一部分を、全体として拡大解釈しているということです。

すでに述べたように、人は100パーセント理解し合うことはできません。したがって信用のみならず、他人に対する評価は、すべて「部分の拡大解釈」といってしまってもいいでしょう。

ともあれ、そのように相手を見ているから、嘘をつかれると「裏切られた」と傷ついてしまいます。部分を拡大解釈しているために、相手には「信用できる一部分」とは別に「嘘をつく一部分」もあるという可能性に想像が及ばないのです。

そういうわけで、私は**「人を信用する」という前提を持つのは、めんどうな人間関係の原因の一つ**だと思っています。

そういう意識のおかげというべきか、私は、嘘をつかれても、感情が波立ち、取り乱すことはほとんどありません。その代わり、「この人の嘘をつく一部分が現れたのは、なぜだろう」と、まず理由を考え、必ず納得できる理由を、自分なりに突き止めるようにしています。このような考え方を日頃からしていないと、未知な脳の世界を新しく発見できなくなるのです。

脳科学的にいえば、人の嘘を感情系脳番地ではなく、理解系脳番地で処理するということです。

感情を乱されると、脳は非常に疲れます。後でも詳しく説明しますが、感情が揺れ動くとき、とくに怒りを感じているときに、脳の酸素の消費量が一気に多くなるからです。つまり感情が乱されるほど、脳は酸欠になりやすいのです。

人にはいろいろな一面がある。そして嘘をつくにも必ず理由がある。脳を無用に疲れさせる感情の揺れと、なるべく無縁であるために、これらのことも頭に入れておくといいでしょう。

人の言行を「善として受け取る」練習をしておく

なるべく人のいいところを見ること。

そして、一見、好ましくない人の言行も「善」として受け取ること。

両方とも、私の母がつねづね口に出していた教えです。

どんな人のことも拒否せず、認める。それでは、万が一、相手に悪意があった場合に、ひどい目に遭うのは自分ではないかと、若いころの私は、この母の教えをなかなか受け入れられませんでした。

でも、ある程度の年齢になってみると、自分なりに理解できたように思います。

相手の言行を善に受け取るとは、相手が自分を騙そうとしているとか、陥れようとしているとか、そうしたネガティブな疑いを持つな、ということです。要するに、誰のことも疑わない、ということですが、それが意外に深い話だということに気づいたのです。仮に、相手に悪意があるのではないかと疑ったら、人はどうするでしょう。害を被っては御免だとばかりに、すぐにでも関係を断つ方向に持っていこうとするのではないでしょうか。

となると当然、その相手との関係は、ここでジ・エンド、完全に終了です。問題は、本当にそれでいいのか、ということです。

人は、多面的な存在です。たとえ悪意と取れる言行があったとしても、それがその人のすべてではありません。**脳には、現在、表に現れているもの、現れていないもの、合わせてたくさんの人格が詰まっている**からです。

それなのに、悪意を感じる一面だけを見てバッサリ切り捨ててしまうのは、ちょっともったいないのではないか。そんなことをしていたら、誰とも関係を築くことはできないのではないか、というのが、まず一つです。

ここからさらに考えを進めて、では、たとえ悪意を感じる言行が見られても、すべて善として受け取ると、どうなるでしょう。

騙される、陥れられる、いいように使われるだけ……その可能性もゼロではありませんが、じつはそれ以上に、相手のことが、よりクリアに見えてくるというメリットがあるのです。

逆説的ですが、**すべてをポジティブに受け取るようにしてみることで、逆に明らかなネガティブが際立って見えてくる**のです。

ポジティブな色メガネより、ネガティブな色メガネのほうが、断然、色が濃いということです。

ひとたびネガティブに捉えると、相手のすべてがネガティブに見えてきますが、ポジティブに捉えると、逆に本当に気をつけるべきネガティブが見えてくる。ポジティブメガネをかけておくことで、たとえネガティブが見えても相手を切り捨てず、「関係を保留する」という選択肢が初めて生まれます。

関係を保留できれば、相手のネガティブには気をつけながら、ポジティブな部分とだけ付き合うこともできるでしょう。ネガティブな部分については「しょうがない」と思えますから、「もう！　めんどくさいな」なんて怒りを感じることもなくなります。

どんな人間関係も、オールオアナッシング（All or Nothing）ではやっていけません。

100パーセント好きな人、信頼できる人としか付き合いたくない、といったら、きっと誰とも付き合えなくなってしまいます。

というわけで、「人の言行を善で捉えよ」という母の教えは、聖人君子の心得ではありませんでした。いろいろな人間がいるなかでも、できるだけ心地いい人間関係を、自分が主体となって築いていくための教えだったのだと思います。

ひょっとしたら母の真意は違うかもしれませんが、少なくともそう理解することで、私の周囲との人間関係は、ほとんどめんどうなことにはなりません。

ひとくちに「善として受け取る」といっても、つかみどころがないかもしれないので、ここで一つ合い言葉を作っておきましょう。

ポジティブに捉えられれば何でもいいのですが、たとえば「あの人なりに考えて、こうしてくれたんだな」というのは、どうでしょうか。

自分にはちょっと理解できない言行だけれど、相手には何かしら善的な考えや理由があってやったことなんだろうな。

こう考えてみれば、少なくとも、何かよからぬことをされたときに、真っ黒なネガティブメガネを装着し、「ひどい！　もうあの人とは金輪際《こんりんざい》、付き合わない！」と切り捨ててしまう事態は避けることができるはずです。

なぜ感情で受け止めると、めんどくさくなるのか

人間の感情は、喜怒哀楽の4つにはとうてい収まらないほど豊かなものです。

それが、高い知性とともに人間を人間たらしめているわけですが、同時に私たちは、その豊かな感情に振り回されがちでもあります。

感情が豊かな人は感性が鋭く、人との共感力も高いということ、しかし感情が豊かなほど情緒不安定でもあり、冷静に物事を進めるべきときに、感情に邪魔されることもしばしばです。

たとえば、少し怒られただけで激しく傷つき、仕事が手につかない。

頭に血が上りやすく、怒りに任せた言動によって人間関係を壊してしまう。

失恋の悲しみに暮れ、なかなか前向きに人生を再構築できない。

耳の痛いことを言われて腹を立て、有益なアドバイスを役立てられない。

感情に振り回されるシチュエーションは、挙げだしたらキリがありません。

自分の感情が揺れるまま、目の前の仕事や人生まで揺れ動いてしまうというのは、すごくめんどうなことです。誰もそれは否定しないでしょう。にもかかわらず、どうして私たちは、こうも感情に振り回されやすいのでしょうか。

それもやはり、脳に秘密があります。

前に、8つの脳番地は、インプット系とアウトプット系に分かれているとお話ししました。そのうち感情系脳番地だけは、インプットとアウトプットの両方に関係しているとお話ししたことを覚えていますか。

要するに、それほど感情系脳番地は、脳の中で反応しやすいということです。

たとえていえば、ものすごい感度の高いアンテナを、脳内に持っているようなものです。人の言動や空気感、触った感じなど、外からの刺激をインプットする、それに反応して態度や言葉としてアウトプットする、この両方をめまぐるしく行なっているのが、感情系脳番地なのです。

そのうえ、感情系脳番地のインプットとアウトプットの過程で、連鎖的に思考系脳番地や理解系脳番地、伝達系脳番地など、ほかの脳番地も激しく働くことになります。

脳の活動には酸素が必要です。感情が揺れ動き、ほかの脳番地まで働かされるほど、脳内では酸素がどんどん消費されます。こうして脳は酸欠に陥り、疲労が生じます。ところが、感情は形を持っていません。理屈をこねたところで、感情は形を表さないのです。情愛のもつれで男女の関係が死に至ることまであります。これは、感情が形を表したのではなく、生理的に感情が生じなくなったのです。

このように、感情がエスカレートすると、それを止めるために、息を断つ悲劇さえ起こるので、物事を感情で処理すると「めんどくさい」のです。

人に感情があるからこそ、人生は彩り豊かになる、これは事実です。しかし感情に振り回されてばかりでは、ほかの脳番地も含めて脳全体が疲弊し、やがて脳の衰えも早めてしまうでしょう。

感情の揺れは、多くが人間関係から起こります。しかも、身近な人間関係ほど情のもつれが生じやすいというのも、誰もが認めるところでしょう。

やはり、荘子の教えどおり「君子の交わりは淡きこと水の如し」です。**過剰に情を交わさず、さっぱりした関係構築を心がけることが、「めんどくさい人間関係」を避けるコツ**なのです。

「めんどくさい」で人の器の大きさがわかる

「めんどくさい」は人の「器」を量るバロメーターにもなります。

同じ労力が必要な作業でも、さっとやってしまう人と、「めんどくさい」オーラを撒き散らしながら、さっぱり手をつけようとしない人がいます。

やることは同じなのに、どうしてこの違いが出てしまうかというと、脳の処理能力が違うからです。なんでも文句一つ言わずにやってしまう人は、脳の処理能力が高く、ウダウダしていつまでも取り掛からない人は、脳の処理能力が低い。こう断言してしまっていいでしょう。

これが、人の器にも相通ずるのです。人の器というと、人格的な温和さや寛大さなど、いわば「ソフト面」で捉えがちですが、つまるところ、すべては脳の処理能力によるところが大きいといえます。**温和である、寛大である、というのは、言い換えれば、いつも頭と心に余裕があるということ**です。こういう人は、あまり「めんどくさい」オーラを出しません。自分のこと以外に、他人のことまで受け入れる余裕があるから、自然と「あの人は器が大きい」という評判になります。

ところが、いつも自分のことでいっぱいいっぱいの人は、そうはいきません。

頭にも心にも余裕がなく、そのせいで怒りっぽく、狭量になりがちです。脳が処理に追われるほど、ちょっとしたことでも「めんどくさい」オーラを出してしまいます。

こうなると周囲の人に合わせることも難しいので、周囲には、自分のことばかり考えているように見える、その結果、「器が小さい」という評価になります。

これは、抱えているものの大きさが違うからではありません。抱えているものの大きさは同じでも、それを処理する脳の能力が違うと、こういう差が出てくるのです。

すでに述べたように、「めんどくさい」は、脳をフリーズさせます。

脳の処理能力が追いつかないときに、「めんどくさい」が顔を出すということですから、どんなことで「めんどくさい」オーラを出すかで、その人の脳の処理能力の程度がわかります。それが、とりもなおさず、人の器をも示してしまうというわけです。

「めんどくさい組織」は不健康

目的を共有する者同士は、強く結びつくことができる。

それを証明するのが、共通の目的が失われたとたんに、ガラガラと瓦解してしまった組織の実例です。

規模の大小にかかわらず、組織とはそれぞれ違った脳を持つ個人の集まりです。そういう意味では、**組織は個々の関係よりも、さらに「共通の目的」がなくては結びつけない関係**といってもいいかもしれません。

実際、企業が内紛や業績不振に陥ったり、人気のアイドルグループが解散という道を選んだりするのは、本質的には、「共通の目的」が失われたことが原因なのだと思います。

一企業として目指すべき目標が見失われてしまった、グループメンバーがそれぞれ違った未来を思い描きはじめ、いつの間にか同床異夢になっていた。

昨今、騒がれている企業のお家騒動や業績不振、アイドルグループの解散騒動を見ていても、そういう雰囲気がひしひしと伝わってきます。

かつては憧れの的だった企業風土が瞬く間に乱れてしまった、あれほど仲良く見えていたメンバー同士が急にいがみ合い出した、といった話が続々伝わってくるようになります。

「共通の目的」が失われてしまうと、互いに強く抱いていたはずの帰属感や尊敬の念、親愛の情とは、かくも脆いものかと思わされます。結果、組織としての総合力は著しく失われ、たいていは空中分解してしまうのです。

このように、**「共通の目的」のない組織は不健康であり、そのせいでめんどうな事態に発展しがちです。**

もし、今いる組織に、どこかめんどくさい雰囲気を感じ取ったなら、「共通の目的」が存在しないか、失われかけているのかもしれません。

あるいは、もし、これから就職や転職をするつもりなら、働いている人たちの人柄よりも、「共通の目的」があるか、それを自分も共有できそうかで判断することをおすすめします。

組織に属する人はさまざまです。苦手な人がいても、共通の目的があればやっていけます。反対に、どれほど感じのいい人ばかりでも、そこに共通の目的がなくては、その組織は今後あやういと見るべきでしょう。

「人格」は「脳の一部」に過ぎない

私たちは、さまざまな人格の複合体です。

いつもは穏やかな人が、じつは激しい一面も持ち合わせていたり、乱暴な印象な人が、ときに優しい一面を見せたりなど、誰もが人の多面性を目撃したことがあると思います。しかし、脳の中には、こうして表に現れる多面性以上の「人格の要素」が、まだまだたくさん詰まっています。

私たちが、「この人はこういう人」と判断している人格は、たまたま、数ある人格の要素の一つが突出して表に現れているだけに過ぎません。一人の人間とは、それほど奥深いものなのです。

たとえば、付き合う男性によって、コロコロと趣味や人格まで変わってしまう女性がいます。これも、相手の男性によって変化させられたのではなく、その男性という新しい刺激によって、もともとあった一面が表に現れたということです。

一人の人間と長く付き合っていると、「この人、変わったな」と失望することもあると思います。そこで「元のあなたに戻って」などと責めても、思いどおりにはなりません。自分にとって好ましくない一面もまた、その人の脳内にもともと備わっていた要素だからです。

「あの人は、優しい人」「怖い人」「強い人」「弱い人」などと、私たちは、たまたま自分が目にした一面を、その人のすべてかのように捉え、安直な人格のラベルを貼り付けてしまいます。でも、すでにおわかりのように、誰にでもまだ見ぬ一面がたくさん眠っています。

それなのに、相手の人格を一方的に決めてかかるようなことをすれば、相手の多面性にうまく対応できなかったり、相手に不快な思いをさせたりと、めんどうな人間関係に発展しかねません。

「この人は、こういう人」という捉え方をしていると、それが覆されたときに、うろたえ、傷つく危険すらあります。そうではなくて、「今は、この人のこういう部分が突出しているんだな」と捉えるようにすれば、「また別の一面が現れたんだな」と思うだけです。

ありのままの相手を受け入れるというのは、じつは、こういうことなのではないでしょうか。**「部分は全体ではない」という意識一つで、人間関係に無用にうろたえることもなく、もっとずっとラクに関係を作っていける**ようになるはずです。

信頼できる人が近くにいる人ほど、ぼけない

ソーシャルアイソレーション（社会的孤立）は、脳の敵です。

年をとると人間関係が狭くなりがちですが、本当は年をとるほど、人との繋がりを大切にしたいものです。というのも、脳の「自家発電」能力が衰えてくるからです。自家発電だけでは老化が早まり、外からの刺激がないとボケやすくなるのです。

ですから、**脳への刺激を絶やさないよう、友だち付き合いでも、ボランティア活動でも、孫の世話でも、何かしら濃い社会参加をつづけることが、脳をいつまでも若々しく、健やかに保つカギ**となります。

実際、近年のアルツハイマー国際会議でも、「助けてくれる人が近くにいる人ほど、

認知症になりにくい」という研究報告がありました。その理由は、信頼できる人が多いほど、「これは、あの人に頼もう」「今日は、あの人と会う」などと考え、海馬が刺激されるから、という話でした。

たしかに、そういえます。認知症は記憶障害ですから、密な人付き合いを通じて記憶系脳番地を刺激しつづけることが、認知症防止になります。

誰にも頼れない状況で、何でも一人でやったほうが、頭を使い、ボケにくいように思えるかもしれませんが、じつは逆です。やはり、**人と広く交流することが、もっとも脳を全体的に刺激する**のです。

若い人にとっては、まだまだ認知症など現実味がないでしょうが、行く末のためにも、豊かな人間関係を築けるようにしておいたほうがいいでしょう。

それには、やはり、自分自身が周囲に疎まれない人間になる心がけが必要です。

裏表がある、言っていることとやっていることが食い違う、何でも感情的に受け取る。こういう「めんどくさい人」に、好んで寄ってくる人はいません。

とくに会社組織から離れた高齢者ともなれば、プライベートな関係が主になります。

仕事がからめば、人間的にウマの合わない部分があっても目的を共有できますが、高齢者は、勝手が違うということです。一個人として付き合いやすいかどうか、まさに

「同じときを過ごす」という目的を共有したいと思われるかどうかが、人間関係の濃さや幅広さを左右します。

年をとるほど、新しい刺激を受け付けず、狭量になりがちです。私自身も実践していますが、年をとったら、とくに努めて「めんどくさい人間」になっていないかと、我が身を振り返ったほうがいいでしょう。

とくに男性は、要注意です。妻に先立たれた男性が、心理的にも物理的にも孤立し、間もなく認知症にかかるという話は珍しくありません。その点、一般的に、女性はもともと社交的な脳が発達しているせいか、夫に先立たれたあとも幅広く人と付き合い、比較的元気に余生を過ごすようです。

こうした男女の違いもあるとはいえ、今もこれからも、人間関係が大切であることに、性別は関係ありません。

いつも自分にも周囲にも正直で裏表がない、言行が一致する、感情豊かでも感情に振り回されない。こういう、誰にとっても付き合いやすい人になる。本章でお話ししてきたことも参考に、なるべく人間関係の煩わしさを避けつつ、自分にとっても相手にとっても心地よい関係を築いていってください。

5章

「めんどくさい」は脳の成長スイッチ

幸福脳は自分で育てられる

「めんどくさい」が一瞬で消える究極の方法

ほかの本にも書いているように、私は、世界で初めて、脳の成長と老化に伴って、一人ひとりの脳が変わっていく様子をＭＲＩ画像で撮影する特殊技術を確立しました。その方法により、心理学的に推測するしかなかった人の性格や個性、知性の変化が、客観的に目視で確認できるようになり、個人心理学から個人脳科学へ進歩しました。

自分の思考から行動まで、すべてを司っているのは自分の脳です。

その脳が、どんな成長を遂げ、「今の自分」というものを作り出しているのか。これを可視化したことで、「では、ある能力を伸ばすには、どうすればいいか」「では、長年、抱えてきた弱点を克服するには、どうしたらいいか」といったことについて、客観的かつ具体的に、アドバイスができるようになりました。

「どう生きるか」については、遡れば古代より、思想家や哲学者が、さまざまに解き明かしてきました。また、「汝自身を知れ」と訓学してきました。

でも、「どう自分の脳と付き合うか」という科学的な視点から、個々の生き方にまで迫ったのは、いまだかつて私だけではないか、という自負があります。「汝自身」を脳画像で示す技術を生み出しました。

脳科学は、認知症防止のためだけにあるのではありません。思考や行動のすべてを司る脳の仕組みや自分の脳の個性を知ることで、個々人が、よりよい生き方を探るために、脳科学はあるのです。少なくとも私は、そのように考えています。

科学を使う最大のメリットは、「かもしれない」「ではないか」ではなく、「である」と断定できるところにあります。私の生み出した脳個性画像で見ることで、「あなたの脳にはこういう傾向がある」「だから、こうすればいい」と、かなりの確信をもって伝えられるのです。

この話に関連して、私が脳科学の道に進んだきっかけについて、少し触れさせてください。それは、医学部に進んで間もないころのことでした。

大学には「公衆衛生」という授業があり、そこで厚生労働省が毎年発行している「国民衛生の動向」を概観します。これは過去1年の間に、日本人の健康状況にはどんな傾向が見られ、どういう病気で死ぬ人が多かったのか、といったことを一つのレポートにまとめたものです。

死因のランキングには、ガンや心疾患が並びますが、何より私がショックを受けたのは、自殺者の多さでした。データを見れば、じつに交通事故による死者よりはるかに多くの人が自殺していたのです。

救急救命などで医師が必死に人の命を救おうとしている一方で、そうとうな数の人がみずから命を絶っている。この事実に、まだ20代もそこそこだった私は愕然としました。

もともと「脳をもっと伸ばすにはどうしたらいいか」という関心は、14歳のころから持っていました。そこへ加えて、自殺者の多さにショックを受けたことも一つのきっかけとなり、私は脳科学を志すようになりました。

ケガや病気で死にかけている体を治すのは、内科や外科の領域です。

でも、仮に50歳の人に自殺願望があるとしたら、そう願う自分は、ケガや病気ではなく、過去50年分の自分の産物です。ただし脳は変わります。つまり、これからの自分の蓄積次第で、そんな願望を抱かない自分を作っていくこともできるはずです。

このように、体はどこも悪くないのに、みずから「死にたい」と思ってしまう衝動をどうにかするには、それを生みだしている「脳」を診る必要があると考えたのです。

ここまでずっと、さまざまな形で現れる「めんどくさい」とどう付き合うか、というテーマで書いてきましたが、「めんどくさい」を消す究極の方法を言ってしまえば、それは「死んでしまうこと」です。

自分がなくなってしまえば、もう「めんどくさい」と思うことはありません。この世に生きる煩わしさのすべてから解放されるのですから、当然です。

でも、もちろん、それでいいはずがありません。だから本書でも、今まで得てきた脳科学の知見を使い、「めんどくさい」を解消する方法や、「めんどくさい」を有効活用する方法を考えてきたわけです。

すでに述べてきたように、**「めんどくさい」は、放置すれば、人生を邪魔する厄介者となる一方、有効利用すれば、自分の可能性を伸ばしてくれる「成長スイッチ」にもなり得ます。**

日々、生じる「めんどくさい」を適切に取り扱うことで、自分で自分を、もっと幸せにしてあげられる。本書の締めくくりとして、本章では、もう少しだけ、そんな「幸福脳」の育て方をお話ししておきましょう。

人体の中で、脳だけが未熟で生まれ、未完成で死んでいく

私自身の中で、脳の画像診断能力が深まり、ようやく「脳とはいったい何者か」ということが見えてきました。

かつては、人間の器官の中でも、脳だけはブラックボックス扱いされていました。「脳は子どものころしか育たない」とか、「年をとるにつれて脳は劣化し、ある年齢に達すると認知症になる」ともいわれていました。

でも、今ではどちらも間違いであることがわかっています。つまり、脳は大人になってからも伸ばすことができるし、高齢になったら必ず認知症になるわけでもありません。

脳以外の人間の器官は、お母さんの胎内で基礎が作られ、生まれ育つ過程で完成され

ます。

脳もまた、両親から与えられるものであり、両親を取り替えられないのと同様に、脳も変えることができない、というように間違って認識されてきました。

ところが、じつは、脳は器官のなかで唯一、未完成の状態で生まれ、そして死ぬまで完成しません。というより、完成形がないといったほうがふさわしいでしょう。脳は、未熟に始まり、未熟に終わる。言い換えれば、**脳とは死ぬ瞬間まで育ちつづける器官**なのです。

では、未熟に始まり、未熟に終わる間に、いったい何が起こるかというと、経験の蓄積による変化や成長です。まさに、脳とは「人生記憶の器官」といえます。何を経験し、どんな刺激を与えるかによって、脳はどうにでも変わるということです。

こうしたことが、今までの脳科学ではボンヤリしていました。それが、今では、脳の画像で撮影して示すことができるまでになりました。

「猿の脳と人の脳はどこが違うのか」「人の大脳では、どの領域でどんな活動が起こっているのか」といった一般論ではなく、脳の個性や変化、成長の具合を、個別に明確に観察できるようになったのです。

こうして、脳を「個々の持ちもの」として扱い、観察すること、本人たちにも自分の脳の個性をわかってもらうことが、今の私のメインテーマになっています。

脳が、生まれるときに与えられたきり、変えられないものだとしたら、いろいろなことを諦めてしまいそうです。

でも、**脳の個性は記憶の蓄積によって作られるものであり、どんな記憶を与えるかによって、どうにでも変わり得る**といわれたら、どうでしょう。もっと脳をかわいがろう、もっと面白い記憶や刺激を与えてあげよう、とは思えないでしょうか。

「それ以上でも、それ以下でもない自分自身」に気づく

人生をより充実させていくには、自分の内側の生きるエネルギーを高めることが重要です。

それには、まずは自己評価を変えること。自分が今まで作ってきた脳の個性を丸ごと受け入れ、「では、これから、どんな新たな経験を積んでいくか」と考えてみることで、生きるエネルギーは高まっていくのです。

自己評価といっても、私たちは、他人のことのみならず、じつは自分自身のことすら、正確に把握していないのかもしれません。「自分はこういうタイプ」と決めつけていた自分像が、じつは思い違いである可能性も大きいのです。

現に、脳の画像診断をしていても、いかに人は自分のことがわかっていないかと思い知らされます。

私のところに訪れる悩める人は、たいていは著しく自己評価が低くなっています。それが、脳の画像を見ながら、どんな個性を持った脳なのか、その人のなりたい自分になるために、これから何をしていったらいいかなどを説明すると、一気に自己評価が変わります。

脳画像を見ることで、「せいぜい、この程度だ」と思っていた自分が、じつはもっと大きな可能性に満ちた存在であると気づくからです。自分の脳画像は、これまでの自分と今の自分をより正しく認識させてくれます。

すると、「すべてがめんどくさい」と沈みきっていた人が、見違えるように生きるエネルギーがみなぎってくるのです。5年以上も引きこもっていた人が、脳の画像診断の後には、打って変わって学校や行事に行けるようになったこともありました。

私の考えでは、嘘偽りのない、ありのままの自分の姿を見せてくれるのは、脳だけです。

ただ「ありのままの自分」といっても、つかみどころがありませんが、自分の脳の個性がわかると、本当に「ありのままの自分」を受け入れることができます。脳画像は、それほどありありと、自分自身を見せてくれるのです。いい意味で、外見からの予測をいつも**裏切るのが脳画像からの自分の姿**です。

必ずしも、脳画像を見なくてはいけないわけではありません。自分の脳には、今までに作られてきた個性があって、それは、今後も変わっていくものだ、という認識があればいいでしょう。

おそらく、今までに一度も「自分って何だろう」と問うたことのない人はいないと思います。誰もが、それぞれに、さまざまな自分像を思い描き、自己評価を下しているはずです。

ここで重要なのは、過去の経験の蓄積によって作られた、「それ以上でもそれ以下でもない自分自身」の存在に気づくことです。過大評価も過小評価も、要するに「ありのままの自分」を見誤っているということです。その自己像を抱えたままでは、生きることがつらくなりかねません。

今ある自分は、今ある自分であって、それ以上でもそれ以下でもない。この前提に立つことが、幸福脳を作ります。なぜなら、**今の自分は、それ以上でも、それ以下でもない。しかし、これから新たな経験を積んでいくことで、どんな可能性が開かれるかは未知数**だからです。

「めんどくさい」と思えるのは、恵まれている証拠

ここまで、「めんどくさい」が発生する脳の仕組みから、いかに「めんどくさい」を解消してすぐに行動を起こすか、どうすれば「めんどくさい」を脳の成長に役立てられるかをお話ししてきました。

一言でいえば、「めんどくさい」の正しい取り扱い方。この切り口で考えてみたら、当初、想像していなかったような観点が見つかったところもあり、私自身、発見の連続でした。まさに、今までなかった新しい経験を「めんどくさい」と思わず、買って出たことで、私は、脳科学者として発想の幅を大きく広げることができたといえます。

そして、今、私が改めて思うのは、「めんどくさい」と感じることができる状況その

ものが、じつは、とても恵まれているのではないか……ということです。

体が疲れていようと、自分の気持ちと現実にギャップがあろうと、不得意なことをさせられようと、とにかく「する」という選択肢しかなければ、「めんどくさい」などと言っていられません。つまり「めんどくさい」と思うことは、**個々人に選択の余地があるということ、もっと言えば、私たちが、一瞬でも「めんどくさい」と思えるのは、世の中に余裕がある証**でもあると思うのです。

幸いにして、私たちは「はあ、めんどくさいな……」とつぶやくことが許される世の中に生きている。そう考えると、ますます「めんどくさい」を適切に取り扱うことが、意義深く感じられてきます。

脳はもともと、「めんどくさがり」ですが、脳が発する「めんどくさい」メッセージは、脳が成長するスイッチでもあります。ぜひ、「めんどくさがり」の脳をかわいがり、伸ばしていくことで、より幸福な人生を送っていってほしいと思います。

おわりに――「めんどくさくたって、いいじゃない」

最後まで『「めんどくさい」がなくなる脳』をお読みくださいまして、誠にありがとうございます。

この本を手に取られた方は、おそらくけっこうな「めんどくさがり屋さん」ですよね。そんなあなたが、ここまで読んでくれた。その小さな一歩だけで、あなたの脳の枝ぶりは変わっているはずです。この本を読んだあなたに、「めんどくさいけど、ちょっとやってみようか」、そんなふうに思ってもらえたら、著者としてこれほどうれしいことはありません。

めんどくさがる自分を「ダメなやつだ」と責めていたあなたが「自分のせいじゃないんだ。脳のクセなんだ」と、一つ安心を得られたとしたら、それだけでも私は十分うれしいです。

また、あなたの家族や周りの人にも、ズボラでめんどくさがっている人たちがいるかもしれません。そんな周囲のめんどくさがり屋さんにも、本書の内容から優しく寛大な心で接してみてください。

一つだけ、声を大にして言いたいことは「めんどくさいは悪ではない」ということ。めんどくさくたって、いいじゃないですか。大事なことは、「めんどくさいなぁ、さてどうしよう」と、あなただけでなく、他人の「めんどくさい」も認めてあげること。「めんどくさい」を見ないふりして心に溜め込むのではなく、その「めんどくさい」を認めて、いったん引き受ける。その後は、すぐにやっつけてもいいし、保留にしたっていい。まずは、「めんどくさい」の存在に気づいてあげることから始めましょうよ。

医者らしからぬ言葉かもしれませんが、「めんどくさくたって、いいじゃない」。これが、最後に私からあなたへ贈る言葉です。

「脳の学校」代表・医学博士　加藤俊徳

イラスト　キューライス
装　丁　木庭貴信＋オクターヴ
編集協力　福島結実子

著者プロフィール

加藤俊徳（かとう・としのり）

新潟県生まれ。医師／医学博士。

株式会社「脳の学校」代表。加藤プラチナクリニック院長。

昭和大学客員教授。発達脳科学・MRI脳画像診断の専門家。

14歳のときに「脳を鍛える方法」を知るために医学部への進学を決意する。

1991年、脳活動計測法fNIRSを発見。現在、世界700カ所以上で脳研究に使用され、新東名高速道路走行中の脳活動計測にも成功。1995年から2001年まで米国ミネソタ大学放射線科MR研究センターでアルツハイマー病や脳画像の研究に従事。帰国後、慶應義塾大学、東京大学などで、脳の研究に従事。胎児から超高齢者まで1万人以上のMRI脳画像とともにその人の生き方を分析。2006年、株式会社「脳の学校」を創業し、ビジネス脳力診断法や脳トレシステムを開発。2013年、加藤プラチナクリニックを開設し、発達障害や認知症などの脳が成長する予防医療を実践。2017年、脳トレロボアプリ「Pepperブレイン」として、脳番地トレーニングがロボットに搭載。著書に35万部を越えるベストセラー『脳の強化書』シリーズ（あさ出版）、『今日からお金が貯まる脳トレ』（主婦の友社）、『脳を強化する読書術』（朝日新聞出版）などがある。

＊著者による脳画像診断をご希望される方は、
加藤プラチナクリニック(http://www.nobanchi.com/)までご連絡ください。

「めんどくさい」がなくなる脳《のう》

2017年3月13日　初版第1刷発行

著　者　加《か》藤《とう》 俊《とし》徳《のり》

発行者　小川 淳

発行所　SBクリエイティブ株式会社
〒106-0032
東京都港区六本木2-4-5
☎03-5549-1201（営業部）

印刷・製本　シナノパブリッシングプレス

ISBN978-4-7973-8908-1